KB233334

스타일의 미학

스타일의 미학

스타일의 미학

2013년 5월 25일 초판 인쇄
2013년 5월 30일 초판 발행

지은이   리처드 슈스터만, 이혜진, 김미경, 김명석, 임윤경, 신은희
번역   이혜진
펴낸이   이찬규
펴낸곳   북코리아
등록번호   제03-01240호
주소   462-807 경기도 성남시 중원구 상대원동 146-8 우림2차 A동 1007호
전화   02) 704-7840
팩스   02) 704-7848
이메일   sunhaksa@korea.com
홈페이지   www.bookorea.co.kr
ISBN   978-89-6324-304-7 (03100)

값 15,000원

스타일의 미학

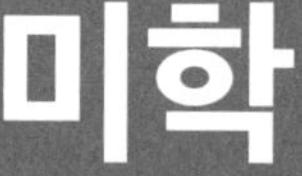
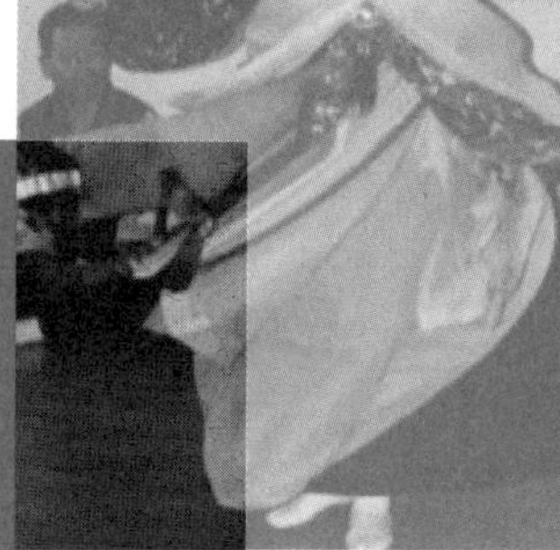

신은희

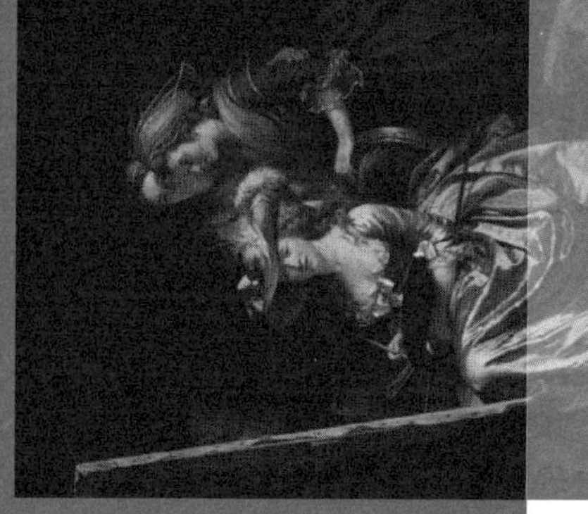

김명석　Robot and Style

리처드 슈스터만
이혜진 번역

김민경　Power and Style

Art and Style　이혜진

Media and Style

임윤경

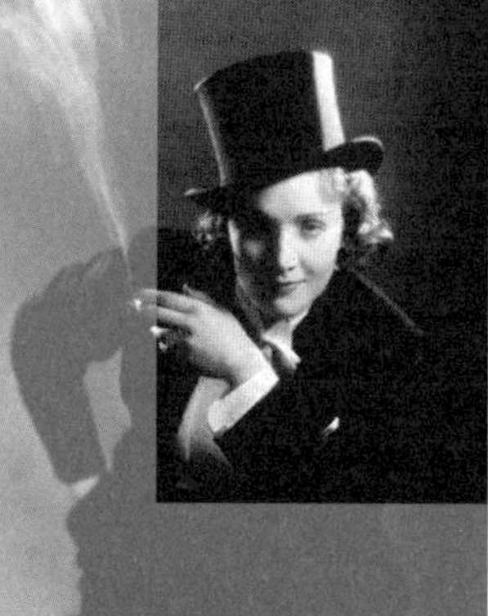
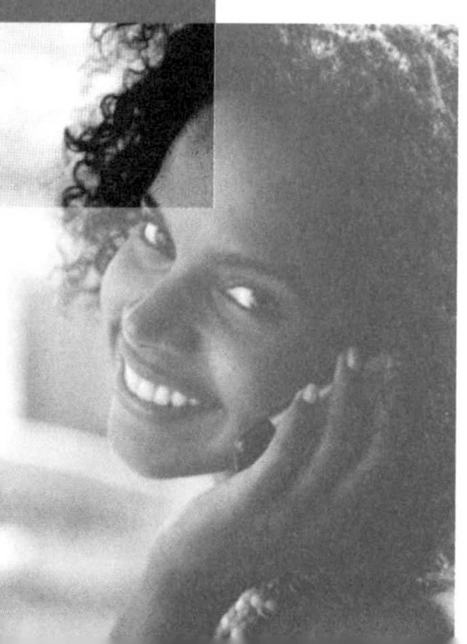

북코리아

차례

서문

요즘 싸이의 '강남 스타일'이 미국에서도 인기가 있습니다. 템플 대학에 재직하던 시절 제자였던 서울대학교의 김진엽 교수가 번역한 『프라그마티즘 미학』(북코리아)에서 저는 랩의 예술성에 대하여 논하였는데, 올해는 꼭 그 책의 영문판이 나온지 20주년이 됩니다. 이번에 『스타일의 미학』을 작업할 때, 강남 스타일이라는 한국의 랩 음악이 유행하여 감회가 새로웠습니다. 제가 『프라그마티즘 미학』을 썼던 1992년에는 미학에서 대중음악이나 서브컬처에 대해 논하는 경우는 거의 없었습니다. 하지만 이제는 스타일을 논하는 데에도 대중성이나 일상성을 다루지 않을 수 없게 되었다는 것은 간과해서는 안 될 현상이라고 생각합니다.

우연히 저는 CNN에서 싸이가 춤추는 것을 보게 되었는데, 무슨 말인지 알 수는 없었지만 중독성 있는 리듬과 비트, 그리고 에너지 넘치는 퍼포먼스가 계속 기억에 남습니다. 아마 한국에서도 이 '강남 스타일'이 열풍일 것이라고 생각됩니다. 한국에는 가본 적도 없는 열 살인 어린 딸도 학교에서 이 음악을 듣고 와서는 '강남'이 무슨 뜻인지 물어봤을 정도입니다. 다행히 저는 재작년과 작년에 서울에 강연을 하기 위해 몇 번 강남에 머문 적이 있었기 때문에 딸아이에게 그것이 지명이라는 것을 말해줄 수 있었습니다. 제 기억에 남아 있는 것이라고는 넓고 쾌적한 커피숍인데, 거기서는 몇몇 학생이 영어를 공부하고 있었습니다. 아마도 이러한 저의 인상은 강남을 제대로 설명하기에는 매우 국한적인 것일 것입니다. 강남이란 말을 알기 위해서는 저와 같은 외국인 또는 그 지역에 살지 않는 사람들은 알기 힘든, 아마도 매우 특수한 한국에서의 지역적 성격과 의미를 알아야 할 것입니다. 반면 스타일이라는 말은 시대, 국가, 인종, 사회계층, 연령에 구분 없이 많이 쓰이며 주목받는 말입니다. 아마도 강남 스타일의 성공 요인 중 하나는 한국인이 아니면 잘 알 수 없는 지역적 특수성을 지니는 '강남'이라는 말과 국제적으로 널리 알려져 있고 쓰이는 서구식 외래어 '스타일'의 묘한 결합이 빚어낸 결과가 아닐까 싶습니다.

그런데 이 '스타일'이라는 말은 어디서나 쉽게 쓰이는 말이기는 하지만 그 말의 진정한 의미를 제시하는 것은 그리 간단한 문제가 아닙니다. 게다가 스타일은 그 앞에 수식어가 무엇인지에 따라서 그 수식어가 지니는 성질이나 특성 또는 매력을 설명한다는 매우 독특한 역할을 하는 말이기도 합니다. 그렇다면 여기서 '강남 스타일'을 가지고 스타일의 의미를 생각해보도록 하죠. 강남 스타일의 경우에는 강남이라는 어떤 지역의 스타일을 의미하면서도 싸이가 그 특정 스타일을 자신의 곡으로 표현하였기 때문에 '강남'이 어떤 지역인지 모르는 외국인의 경우 싸이의 스타일이 강남 스타일인 것처럼 생각할 수도 있을 것입니다. 또한 그 곡이 유명해짐에 따라서 '강남'이라는 지역과 '한국'이라는 나라가 더 알려지고, 또다시 강남이나 한국과 같은 어떤 특정 단체의 스타일을 알리게 되었습니다. 물론 이것은 단지 일시적인 현상일 수도 있고, 싸이의 강남 스타일에서 나오는 코믹한 요소들이 그 지역 모든 이의 스타일을 표현한다고 할 수는 없을 것입니다. 그래도 적어도 비디오에서 드러나는 위트 있는 풍자나 말춤에서 볼 수 있는 생동감 등은 활발하게 발전하고 있는 젊은 한국의 이미지와 어느 정도 관련이 있지는 않을까 싶습니다. 이런 경우, 어떤 단체의 스타일이 다시금 개인의 스타일로 재해석되고, 그 개인의 스타일이 다시 그 단체의 스타일을 재구성하게 하였다고도 할 수 있을 것입니다.

이처럼 스타일이 진정으로 무엇인지는 일면적으로 설명될 수는 없고, 오히려 양면성, 아니 더 나아가 복잡한 성질로 이해되어야 할 것입니다. 오스카 와일드의 희곡 〈성실하다는 것의 중요성〉에서 그웬덜린은 "정말 중요한 점에서 말이지, 진짜 중요한 것은 스타일이지 성실함이 아니야(In matters of grave importance, style, not sincerity is the vital thing)."라고 하였습니다. 이걸 보면 과거 빅토리아 시대에도 스타일은 중요한 문제였습니다. 하지만 이때 쓰이는 스타일은 성실함과 마찬가지로 어떤 가치평가적 측면을 이미 포함하고 있는 것처럼 보입니다. 그렇다면 어떤 지역의 스타일을 중립적으로 설명하는 경우의 스타일과는 다른 경우라고도 볼 수 있을 것입니다. 스타일은 이렇게 존재론적인 문제를 지닐 뿐만 아니라, 역사적으로 그 어원을 더듬어 파악하는 것도 쉽지만은 않습니다. 본문에서 다루겠지만, 스타일은 복잡한 어원적 문제나 단지 개인의 스타일뿐만 아니라 어떤 특정 사회나 시대에 따라서 특징지어지는 스타일(제1장 '소마틱 스타일'에서는 총괄적 스타일이라고 하고 있는)도 있기 때문에 그러한 점들을 분석할 필요가 있고, 다양한 분과적 원리에 따라서도 의미가 달라질 수 있으므로 그러한 것들을 복합적으로 다룰 필요가 있습니다.❶ 이러한 스타일이 지니는 다양성이 이 책을 쓰게 된 이유 중의 하나입니다.

이 책은 「소마틱 스타일」이라는 논문과 그 논문에 관련하여 다섯 개 분야의 한국의 석학들이 제시한 다섯 가지 질문에 필자가 응답을 하는 형식으로 작성되었습니다. 스타일이라는 말이 지니는 복잡성에도 불구하고 다섯 개 분야 5문 5답이라는 비교적 단순한 형식을 취했는데, 적어도 형식에서는 접근성이 있도록 하자는 의도에서였습니다. 이 책은 제1장 소마틱 스타일, 제2장 예술과 스타일, 제3장 권력과 스타일, 제4장 로봇과 스타일, 제5장 미디어와 스타일, 제6장 종교와 스타일의 여섯 장으로 구성되어 있습니다. 이러한 순서는 책을 읽기 쉽도록 하기 위하여 정해진 것이며 독자들에게는 모든 부분이 즐거울 것이라고 생각됩니다. 그러나 『스타일의 미학』이 어떤 목적을 가지고 쓰였으며, 각 장에서 어떤 내용을 다루고 있는지는 좀 더 명확하게 제시할 필요가 있을 것입니다. 그렇다면 다음으로 이 책의 구성에서 각 장의 내용을 살펴보겠습니다.

제1장을 차지하는 '소마틱 스타일'은 내가 2011년 북경대학에서 열린 세계 미학 대회의 강연에서 쓴 논문으로, 이 책에서는 *Journal of Aesthetics and Art Criticism* (2011)에 실린 것을 사용하였습니다. 여

---

❶ 이 책의 제2장 예술과 스타일에서 이혜진은 스타일이란
말에 대한 우리의 이해가 어떻게 변화되어왔는지에 대해
다루었다.

섯 개의 파트로 구성된 〈소마틱 스타일〉은 책 한 권에 해당할 만한 내용을 축약적으로 다루고 있기 때문에 대중서로 다루기에는 어려울 수도 있는 논문입니다. 하지만 한편으로 스타일에 관해서 우리 주변에서 접할 수 있는 일상생활에서의 예나 누구나 지니고 있는 오감에 관련한 스타일의 차원들을 다룸으로써 쉽게 접근할 수 있게 하였습니다. 또한 스타일, 특히 우리의 신체에 관련하는 스타일인 소마틱 스타일은 그 문제 자체가 어려운 미학 이론과 예술론으로 무장되지 않은 사람들도 누구나 생각해볼 수 있는 것일 것입니다. 오히려 이 논문은 그러한 어려운 미학 이론을 익숙한 몸과 스타일의 의미를 통해 이해할 수 있는 계기가 되지 않을까 싶습니다.

　　제2장 '예술과 스타일'에서 이혜진 선생이 제시한 질문들은 스타일의 뜻을 그 용어의 유래에 주목한 것이었습니다. 이 장은 스타일과 나의 소마틱 스타일의 의미에 대한 이해를 돕는다고 생각하였기에 제일 먼저 다루게 되었습니다. 이혜진 선생은 스타일과 예술의 문제를 스타일이란 용어에 대한 탁월한 역사적 이해를 바탕으로 흥미 있는 질문들을 제시하였습니다. 그녀는 근현대 서양에서 스타일 용어의 변용에 있어서 스타일이 문체나 예술 등의 제한된 의미에서 우리의 일상생활에 관련하는 의미로 확장되었다는 것과 관련하여 필자의 소마틱 스타일의 의미를 물었습니다. 스타일과 필자의 소마틱 스타일에 대한 그녀의 해석에 내가 더 강조하고 싶은 것은 서양 고대철학이나 동양철학에서도 외양, 행실, 품행을 다루었으며 그것을 우리는 '소마틱 스타일'로 볼 수 있다는 것입니다.

　　제3장 '권력과 스타일'에서 김미경 교수는 몸의 서열화와 힘의 논리를 패션 폴리틱스의 관점에서 다루었습니다. 그녀는 단지 정치가들

의 스타일을 논하는 진부한 방식이 아니라 권력이라는 문제가 우리의 정치, 사회, 문화, 젠더의 다양한 측면에서 어떻게 드러나고 이미지화되는가를 통찰력 있게 제시하였습니다. 이러한 방식은 특정 개인이 가진 성질로서 스타일을 좁게 제한하는 것이 아니라 이런 다양한 측면에 관련한 역사적·사회적 함의들이 어떻게 스타일에 관련한 힘과 권력으로 나타나게 되는가를 더욱 심도 있게 생각할 수 있게 합니다. 저는 이러한 스타일에 관련한 다양한 사회문화적 함의뿐만 아니라 개인의 내면적인 경험이 스타일에 관련하는 측면에도 관심이 있으며, 사회적 스타일이 개인의 스타일에 영향을 미치는 것처럼 개인의 내적 측면을 표현하는 우리의 몸을 통한 삶의 행실 또한 사회적 스타일에 영향을 미칠 수 있다고 생각합니다.

제4장 '로봇과 스타일'에서 김명석 교수 팀은 인간이 로봇을 어떻게 다루어야 하는가에 대한 미래지향적이고 윤리적인 문제들을 제시하였습니다. 저는 이 장에서 제시된 질문들에 답할 때 매우 즐거웠다는 것을 언급해야 할 것인데, 왜냐하면 그 질문들이 저의 신체미학에 있어서도 아주 중요한 문제일 수 있기 때문입니다. 고대철학에 있어서 몸은 인간이 로봇을 사용하듯 도구로서 사용하는 것으로 생각되기도 했습니다. 즉, 우리가 '로봇을 어떻게 다루어야 하는가?'라는 문제는 우리가 '몸을 어떻게 사용하는가?' 하는 문제와 관련된 것처럼 보입니다. 또한 만약에 로봇이 더욱 인간에 가까운 형태로 개발되고 우리의 삶을 편리하게 하기 위해서 발전한다면 그러한 로봇의 변화에 맞추어 우리의 삶의 방식과 신체 역시 변화할 수도 있을 것입니다.

제5장 '미디어와 스타일'에서 임윤경 교수는 미디어 스타일의 변천에 따라 우리의 커뮤니케이션 스타일이 어떻게 바뀌어왔는가를 다루었

습니다. 임윤경 교수는 미디어의 스타일이 제한적인 소통 수단에서 자아의 표현 수단으로 그리고 더 나아가 소셜 미디어의 등장과 더불어 확장된 자아의 문제에까지 관련하는 것으로 점점 넓어졌다는 관점에서 흥미로운 질문들을 제시하였습니다. 편지지를 고르는 과정에 관련하는 그녀의 사고 실험을 매우 흥미롭게 보았으며, 테크놀로지의 발전, 새로운 소셜 미디어의 등장 등에 관련한 구체적인 실례를 바탕으로 문제의식이 매우 독창적이라고 생각합니다. 여기서 제가 주의하기 바라는 것은 소셜 미디어를 통해 공적 영역에서 사용되는 이미지를 확장된 자아로서 생각하는 것입니다. 나는 우리의 가장 기초적인 미디어를 신체라고 생각하기 때문에 만약에 공적 영역에서 쓰이는 만들어낸 이미지에 정신을 빼앗긴 나머지 자신의 신체 스타일을 돌보지 못하게 되는 것은 문제가 된다고 생각합니다.

마지막으로 제6장 '종교와 스타일'에서 신은희 교수는 한국의 토속 신앙과 유교, 불교에 관련하여 질문을 하였습니다. 저는 한국의 전통 종교인 샤머니즘의 성격과 한국의 몸 문화에 대해서 잘 모르기 때문에 그녀의 질문은 오히려 제게 정보를 주었고, 좀 더 구체적으로 알아보고 싶다는 생각이 들었습니다. 제가 듣기로는 한국에는 매우 많은 크리스천이 있기 때문에 아마도 그녀의 질문은 제가 모르는 과거 한국의 종교 스타일에 관련한 질문일 것이라고 생각됩니다. 이 질문에 응답을 작성할 때만 해도 K-Pop에 대해서는 전혀 몰랐는데 그녀가 말하는 K-Pop의 '신명'과 강한 '에너지'라는 것이 만약에 싸이의 강남 스타일에서 내가 접한 흥겹고 중독성 있는 비트라면 그 문제는 다음 기회에 '음악과 스타일' 또는 '랩과 스타일'이라는 독립된 꼭지로 다루어보고 싶습니다.

　　이 책을 쓰게 된 것은 2010년에 경희대에서 있었던 '몸과 문명' 학회 참석차 한국에 오게 되었을 때 이혜진 씨가 제안한 것이었는데, 그녀는 제가 쓴『몸의 의식』의 번역자이기도 하였고, 저의 연구 센터에서 오랜 기간 동아시아 지역 대표 연구원으로 활동하며 나를 도와왔기 때문에 망설임 없이 그 제안을 수락하였습니다. 그녀가 처음 제시한 책의 방향은 첫째로 저와 같은 "외국 학자와 한국 학자 간의 깊이 있는 대화를 시도하자"는 것과 둘째로, "스타일이 여러 분과에서 논해지는 양상을 융합적·학제적으로 고찰해보자"는 것이었습니다. 그러한 처음의 목적이 모두 달성되었다고는 할 수 없지만, 이 책『스타일의 미학』이 궁극적으로는 각 분야 사이에 융합적·학제적 방향이 스타일이라는 개념에서 어떻게 논해질 수 있는가를 제시하는 계기가 되었으면 합니다. 저는 이 책의 질문들에 응답할 때 매우 즐거운 시간을 가졌으며, 스타일의 문제에 관해서 새로이 생각해볼 수 있는 계기가 되기도 하였습니다. 이번 기회에 한국의 뛰어난 학자들과 토론할 수 있었던 것은 대단한 기쁨이었습니다. 끝으로 이 책을 위하여 깊이 있는 질문을 제시해주신 김미경 교수, 김명석 교수 팀, 임윤경 교수, 신은희 교수님께 감사 드리며, 질문과 함께 인터뷰 번역 등을 맡은 이혜진 씨에게 감사를 표하고 싶습니다.

보카란톤에서
리처드 슈스터만

소마틱 스타일[*]
Somatic Style

리처드 슈스터만
(플로리다 애틀랜틱 대학)

옮긴이: 이혜진

[*] 이 논문은 *Journal of Aesthetics and Art Criticism, Spring*, 2011에 실린 영어판 『Somatic Style』을 한국어로 번역한 것입니다.

I

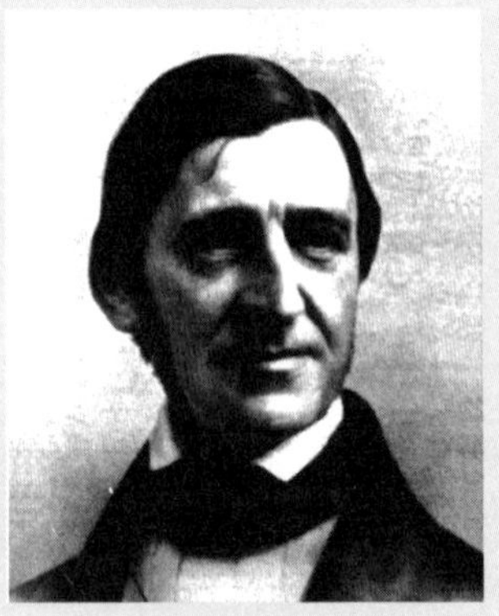

"사람의 스타일은 그의 마음의 소리다. 경직된 마음은 경직된 목소리를 지닌다."❶ 미국이 낳은 가장 훌륭한 정신이며 가장 빼어난 스타일리스트 랠프 월도 에머슨은 이렇게 주장한 적이 있다. 만약 에머슨이 여기서 마음이라는 개념으로 스타일을 정의하고 있다면 그것은 신체적(somatic)*차원의 스타일을 거부하지 않을 것이다. 스타일은 본질적으로 구현(embodied)**된다. 목소리에 대한 에머슨의 인용이 명확하게 제시하는 것처럼 말이다. 발성은 분명히 사람의 호흡, 발성적 코드 그리고 입을 포함하는 몸을 통한 행위다. 게다가 경직된 마음과 경직된 목소리에 대한 에머슨의 인용에서, 스타일에서 마음이 표현하는 물질성은 더욱 많은 것을 시사한다. 그러나 만약 어원학을 통해 스타일 개념을 생각한다면, 스타일의 신체적 유래는 입을 통한 목소리가 아닌 몸에 각인된 제스처에서 발견될 것이다. 스타일이란 말은 라틴어 '스틸루스(첨필: *stylus*)'에서 유래한다. 스틸루스의 기본적 의미 중 하나는 로마인들이 글을 쓰거나 밀랍 테이블에 무언가를 새길 때 사용되었던 뾰족한 도구다. 그러므로 그것은 더 일반적으로 뾰족하거나

* soma는 몸·마음 양쪽에 관련하는 신체를 의미합니다. 이 논문의 제목인 「소마틱 스타일(Somatic Style)」은 단지 몸에서 드러나는 외면적 스타일 이상의 내면적 스타일을 포함하므로 'somatic'이라는 형용사 형태는 기본적으로는 '소마적' 또는 '신체적'으로 표기하였으나 문맥상 '몸의' 등으로 번역한 경우도 있습니다. '스타일' 등의 외래어와 합성되었을 경우에는 '소마틱'으로 표기하였습니다. 리처드 슈스터만 저, 이혜진(이다감) 옮김, 『몸의 의식』, 북코리아, 2010 참조.

** '구현하다' 혹은 '상징하다'로 번역되는 'embody'는 보통 생각이나 이념이 나타나는 것을 의미하나, 여기서는 몸의 동작(action)과 스스로를 치장하고 꾸미는 셀프 스타일라이제이션(self-stylization)에까지 관련하여 사람의 스타일이 드러나는 경우에 사용되고 있습니다.

---

❶ 이 논문의 이전 버전은 2010년 8월 10일 북경에서 열린 제18회 국제 미학대회의 총회 강연에서 발표되었다. 그때 나를 초청해준 펑펑 교수와 가오쟝핑 교수에게 감사하고 또한 신체미학에 관심을 가져준 청중에게 감사드린다. 에머슨에 대한 인용은 다음을 참조하라. Ralph Waldo Emerson (Journal Entry from 1832), published in Alfred R. Ferguson (ed.), *The Journals and Miscellaneous Notebooks of Ralph Waldo Emerson*, Volume IV, 1832-1834 (New York: Belknap, 1964), 433.

날카로운 도구로 글을 쓰고 새기는 방식을 전하는 것에 유래한다고도 할 수 있는데, 글을 쓰고 새기는 것은 신체를 통한 동작(action)과 기교(skill)를 암시한다.

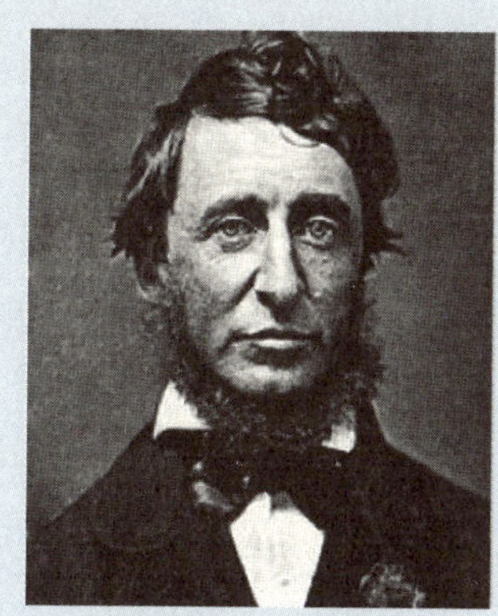

　스타일의 기본적 의미는 글을 쓰는 특정한 물리적 도구 또는 방식(잘 알려진 것처럼 중국에서 부드러운 붓을 사용하는 것과는 다른)에서 더 추상적이고, 분학적이고, 숭고한 감각으로 진화하였다. 스타일은 단순히 글쓰기나 다른 종류의 흔적을 만드는 수단이 아니라, 그 자체의 창조와 감상이 글쓰기의 목적을 부분적으로 형성하는 미적 질이 되었으며, 사실상 그 자체의 내적 가치를 위해 추구되며 소중히 다뤄지고 있다.

　그러나 어떤 이론가는 스타일의 역할을 '생각을 전달한다'는 실천적 수단으로 한정해야 한다고 주장하려고 누구나 알고 있는 스타일의 도구적 기원을 제기하였다. 왜냐하면 그럼으로써 분명하고 솔직하게 대화하는 것을 스타일이 방해하지 않게 할 수 있기 때문이다. 그것은 에머슨의 친구이며 초월론자였던 동료 여행자 헨리 데이비드 소로의 관점이었다. "한 인간의 스타일이 무엇이며 그것이 이해될 수 있는지를 누가 신경 쓴단 말인가?"라며 소로는 다음과 같이 주장하였다. "사실 스타일은 첨필, 즉 글을 쓸 때 사용하는 펜 이상의 아무것도 아니다. 그리고 그것은 다듬고, 꾸미고, 이끌 가치가 없다. 만약 사람의 생각을 더 훌륭하게 하기 위해서 스타일이 쓰이는 것이 아니라면 말이다. 스타일은 사용되는 것이지 감상되는 것이 아니다."❷

　스타일을 정신적 목적을 위한 단순한 육체적 수단으로 보는 소로

❷　Henry David Thoreau, "Wendell Phillips Before the Concord Lyceum," in *The Selected Essays of Henry David Thoreau* (Radford, Virginia: Wilder Publications, 2008), 88.

의 관점에 반대하여(그리고 추후에 소로 자신의 글에서 나타난 그 관점에 대한 비평에 의존하여) 우리는 스타일의 신체적 본성을 단언할 수 있다. 만약 한 사람의 마음과 생각의 스타일이 어떤 점에서 몸의 성질을 띤다면, 그것이 목소리를 통한 것이든지 글쓰기를 통한 것이든지 상관없이(심지어는 이 두 명의 유명한 초월론자들이 주장하듯이) 모든 인간의 스타일이 어떤 점에서는 신체적인 것으로 보일 수 있다. 그러면 정확히 소마틱(신체적) 스타일이란 무엇인가? 그것의 명확한 구성 요소 또는 차원은 무엇인가? 몸의 어떤 형태나 사용이 특히 소마틱 스타일을 드러내는 방식이거나 표현인가? 지각의 어떤 감각과 양상이 소마틱 스타일을 감상하는 데 관련되는가?

이러한 질문들을 직접적으로 다루기 전에 우리는 일반적 스타일의 개념을 깃들게 하고 구축하는 다섯 가지 중요한 구분을 고려함으로써 그 질문들의 형태를 잡을 것이다. 그리고 그것으로 더 정확한 소마(신체) 버전의 스타일에 대한 정보를 제공할 것이다. 이러한 스타일의 다섯 가지 축을 중심으로 대립하는 감각들은 경칭적(honorific)*인 것과 단지 묘사적인 것의 대립, 총괄적(generic)**인 것과 개인적인 것의 대립, 분명하게 의식하거나 반성적인 것과 단지 즉각적(spontaneous)***이거나 무의식적인 것의 대립, 자발적인(voluntary) 것과 자발적이지 않은 것의 대립, 영원한 것과 상황에 따른 것의 대립이다. 그러나 이러한 구분들을 설명하기 전에 어째서 철학자들이 신체미학(솜에스테틱스: somaesthetics)

* 경칭적 측면은 가치적인 측면이 관련하는 것으로 어떤 대상이 질적으로 높거나 격이 있다고 여기는 것입니다. 이 논문의 Ⅲ절 참조.

** generic은 '총괄적'으로 번역하였습니다. 여기서의 '총괄적 스타일'은 어떤 사회나 그룹에 총체적으로 적용되는 스타일입니다.

***spontaneous는 voluntary(자발적)와 구별하기 위해 '즉각적'으로 번역하였습니다.

---

❸ 물론 스타일은 신체미학 프로젝트에서 핵심적이다. 신체미학의 가장 대표적인 정의는 "사람의 몸을 감각적·미적 감상(아이스테시스)과 창의적인 셀프 스타일라이제이션의 장소로서의 사람 몸의 경험과 사용에서 핵심적·개선적 연구"인데, 이것은 자기 스타일라이제이션에 관하여 형성되었을 수 있다. 대표적인 정의를 보려면 다음을 보라. Richard Shusterman, "Somaesthetics: A Disciplinary Proposal, *Journal of Aesthetics and Art Criticism*, 57: 3(1999), 302. 신체미학에 대한 슈스터만의 관점에 대한 가장 이해하기 쉬운 주장은 리처드 슈스터만 저, 이혜진(이다감) 역, 『몸의 의식』, 북코리아, 2010 (*Body Consciousness*, Cambridge University Press, 2008)에서 찾아볼 수 있다. 신체미학에 대한 다른 저자들의 글이나 책의 문헌 목록을 보려면 다음을 보라. http://www.fau.edu/humanitieschair/Somaesthetics_Bibliography.php.

에 관심이 없다고 해도 소마틱(신체적) 스타일에 흥미를 가져야 하는지
에 대한 조금은 뜻밖일 수도 있는 두 가지 이유를 제시할 것이다. ❸

ⅠⅠ

소마틱 스타일이 지적 사고나 이성적 생각과 아무런 관련이 없는 것처
럼 보인다고 해도 철학자의 관점을 전달하고 그것을 설득력 있게 다듬
어내는 것에서 그것은 매우 효과적일 수 있다. 윌리엄 제임스는 어떤 철
학자든 직접 만나기 전에 그를 완전히 이해할 수 없다고 확고하게 믿었
다.❹ 제임스는 철학이 궁극적으로 철학자의 성격의 표현이며, 성격은
직접 만났을 때 훨씬 잘 드러날 수 있는 것이라 생각했기 때문이다. 그
리고 그러한 실생활을 통한 만남은 철학자의 글에서는 숨겨져 있는 삶
과 사회를 향한 그의 기본적 태도를 드러낼 것이다. 만약 철학이 삶의
방식으로 생각될 수 있다면 실생활에서 철학자를 만나보는 것은 마찬
가지로 그가 전하려는 것을 실천하고 있는지를 드러낼 수 있다. 말하는
것은 직접 행하는 것보다 쉽다. 그리고 거짓말하는 것은 바디랭귀지로
속이기보다 쉽다. 그렇지만 소마틱(신체적) 스타일은 그와 반대로 사람
의 말과 철학적 사상에 더 강력한 힘을 줄 수 있다.

　　우리는 블룸베리와 케임브리지 출신인 G. E. 무어의 뛰어난 동료
이야기를 통해 무어의 '숭고한 아름다움'과 격렬한 바디랭귀지가 철학
적 토론과 논쟁을 하는 데 그에게 엄청난 파워와 설득력을 주었다는
것을 배울 수 있다. "아직까지 날씬했던 무어는 이 불행한 지구상의 인

❹ 제임스는 서간에서 곧잘 이 점을 언급하였다. 예를 들면,
그가 1905년 5월 13일에 베르그송에게 쓴 편지를 보면,
제임스는 베르그송에게 '직접 만나는 것(face to face)'이
'[베르그송의] 철학'을 좀 더 잘 이해하게 해줄 것이라며
만나자고 하였다. 제임스는 덧붙여 말했다. "나는 두 철학자가
사적인 교류를 통해 가깝게 지내는 것이 항상 좋은 일이라고
생각합니다. 만약 그들이 만나서 종일 가십만을 이야기한다고
하더라도 그들은 서로를 더 잘 이해하게 될 것입니다." 나는
여기서 다음의 서적에 실린 편지를 인용하였다. Ralph Barton
Perry, *The Thought and Character of William James*
(Boston: Little, Brown, 1935), Vol. 1, p. 613. 제임스는
베르그송을 서신을 교환한 직후인 1905년 5월 28일에 처음으로
만났다.

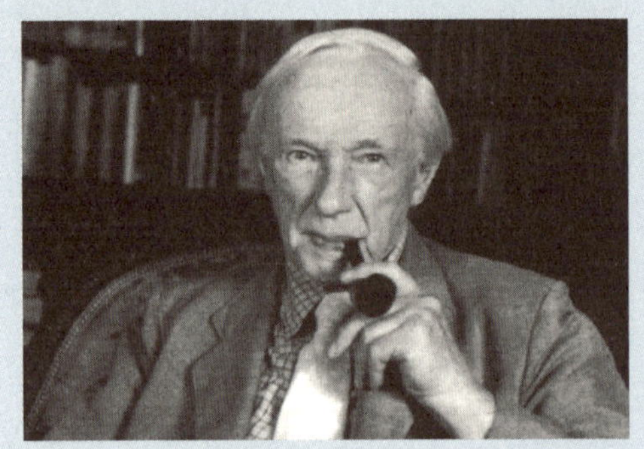

물이 아니라 어떤 멀리 떨어진 신비스러운 곳에서 온 지혜와 선으로 충만한 선각자처럼 보였으며 초월적 빛으로 빛났다." 그의 가르침은 "논증 방식의 다양함(눈을 크게 뜨고, 눈썹을 들어 올리고, 혀를 내밀고, 부정할 때 머리카락이 흩날릴 정도로 머리를 좌우로 격렬하게 흔드는 것)에 의해 학생들의 의식으로 스며들었다".

따라서 감명을 주는 무어 사상의 힘은 무어 자신의 소마틱 스타일에 의해 더욱 강해졌으며, 논리적 철학자 버트런드 러셀도 무어를 "어떤 절묘한 순수함"이 스며 있고, "아름답고 날씬하였으며, 영감으로 가득 찬 모습이었다."라고 묘사하였다. 무어의 그러한 모습은 러셀이 생

⑤ 다음을 참조하라. Michael Holroyd, *Lytton Strachey: A Biography* (London: Penguin, 1971), 199, 201; G. Spater 그리고 I. Parsons, *A Marriage of True Minds: An Intimate Portrait of Leonard and Virginia Woolf* (London: Hogarth, 1972), 32; Bertrand Russell, *The Autobiography of Bertrand Russell, 1872-1914* (London: Allen & Unwin, 1967), 90. 또한 레오날드 울프가 직접 쓴 증언을 고려하라. 그는 무어를 자신이 만난 "단 한 명의 훌륭한 사람"으로 생각하였다. "내가 그를 처음 만났을 때, 그의 얼굴은 매우 아름다웠으며 거의 성스러웠다. 그리고 버트런드 러셀이 말한 것처럼 '그는 자신의 생애를 통해 얻은 몹시 사랑스러운 미소를 가졌다.' 그는 톨스토이와 다른 러시아 작가들이 가장 훌륭한 인간을 만드는 것으로 생각한 뛰어난 소박함을 지녔다는 점에서 소크라테스를 닮았다. …… 그것은 논쟁의 긴박한 국면에서 특별히 놀라운 것을 듣거나 어떤 엉뚱한 주장으로 반박당했을 때, 억제되지 않은 소박하고 열정적인 제스처로 드러났다. 그의 눈은 크게 열리고, 눈썹은 치켜 올라가고, 혀는 튀어나왔다. 그리고 버트런드 러셀은 무어가 중요한 점을 논쟁할 때 파이프에 불을 붙이지 못하고 실패하는 것을 봤을 때의 즐거움을 묘사하였다. "그는 파이프의 주둥이 위에 성냥을 대고 불을 붙였는데, 손가락에 불이 붙으면 그 성냥을 버렸다. 그리고 박스 안의 성냥이 다 떨어질 때까지 내내 그것을 되풀이하면서 다른 이의 논쟁을 들었다." Leonard Wolfe, *Sowing: An Autobiography of the Years 1880 to 1904* (New York: Harcourt, Brace, 1960), 144, 151. 또 다른 케임브리지 출신의 무어 칭송가는 유명한 노벨상 수상 경제학자 존 메이너드 케인스다. 그는 무어가 논쟁에서 이기는 데 어떻게 소마틱 스타일을 사용했는지를 설명했다. "승리는 명백함, 의심치 않는 신념 그리고 절대로 확신하는 억양을 가장 잘 사용할 수 있으며 가장 훌륭한 외양을 가지고 말할 수 있는 이에게 있었다. 무어는 그 당시 이러한 방법의 달인이었다. (그는 상대의 진술을 의심스럽다는 투로 숨이 막히는 듯이 대응하였다.) '정말 그렇게 생각하나요?'라는 표정으로 그것을 듣는 것이 무어 자신을 정신박약에 가까운 상태로 만든 것처럼 입을 크게 벌리고 머리를 세차게 흔들어 반대하였다. 너무 심하게 흔들어서 머리카락이 흩날릴 정도로 말이다. 오! 그는 아마도 눈을 희번득거리며 말하기도 하였다. 마치 그 또는 당신 중 하나가 미친 것처럼 말이다. 그리고 아무런 대답을 하지 않기도 하였다." J. M. Keynes, "My Early Beliefs," in *Essays and Sketches in Biography* (New York: Meridian, 1956, 243 - 44) 레오날드 울프는 무어가 이러한 강압적이지만 매력적인 제스처를 지닌 소마틱 스타일을 사용했다는 것을 다음과 같이 증언하였다. "무어가 '나는 단지 그가 무엇을 의미하는지 못 알아듣겠다'고 말할 때, '단지'와 '무엇'을 강조하며 머리를 흔든 것은 그에게 일어난 복잡한 생각들인 그의 열정적인 고민을 비추었다"(Woolfe, 149).

각한 "천재의 이상"[5]을 구현하였다.

마찬가지로 소마틱 스타일은 러셀의 또 다른 케임브리지의 철학 동료인 유명한 루트비히 비트겐슈타인의 대화하는 능력에도 기여하였다. 그것은 비트겐슈타인의 위엄 있는 성격의 힘을 통해 그의 관점과 논쟁을 더 매력적인 것으로 만드는 지적 인상의 아우라를 부여하였다. "그의 얼굴은 여위고 어두운색이었으며, 그의 옆모습은 독수리 같았고 매우 아름다웠다. …… 그의 모습은 어딘가로 집중되어 있었고 손을 가지고 인상 깊은 제스처를 만들었다. …… 그의 얼굴은 매우 풍부한 표정을 가지고 있었으며, 말할 때는 매우 표현적이었다. 그의 눈은 깊었고 자주 격렬한 표현을 하였다. 그의 전체적 성격은 위엄 있었고 황제 같았다고까지 할 수 있다."[6]

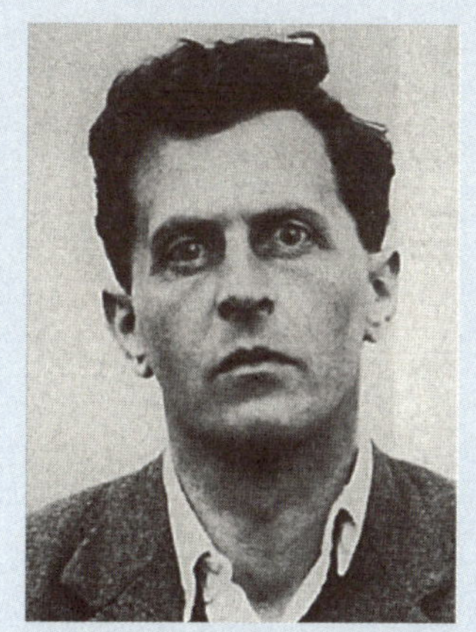

사실상 사람의 성격은 소마틱 스타일에서 표현된다. 얌전하거나 부끄럼이 많은 사람은 주로 멈춰 있는 자세, 눈을 마주치지 못하게 아래로 향한 눈, 머뭇거리는 걸음걸이와 억제되거나 저지된 듯한 제스처에 의해 인식될 수 있다. 비트겐슈타인은 이것을 분명히 알고 있었다. 왜냐하면 그는 "인간의 몸은 인간 영혼을 가장 잘 찍은 사진"이라고 했을 뿐만 아니라, "사람의 스타일은 그 사람 [자체인 바로 그] 사진"이라고도 주장했기 때문이다.[7] 유명한 역사학자 에드워드 깁본이 "스타일은 성격의 이미지"[8]라고 비슷하게 주장했지만, 나는 스타일과 성격의 관계가 이러한 사진에서 나타나거나 이미지의 은유가 주장하는 것보다 훨씬 더 가깝다고 논쟁하는 것에 의해 그 문제를 더 심도 있게 살펴볼

[6] Norman Malcolm, *Wittgenstein: A Memoir* (Oxford: Oxford University Press, 1958; 2nd. ed. 1985), 23-24.

[7] Ludwig Wittgenstein, *Philosophical Investigations*, trans. G. E. M. Anscombe (Oxford: Blackwell, 1968), Part II, p. 178; *Culture and Value* (in German *Vermischte Bemerkungen*), trans. Peter Winch (Oxford: Blackwell, 1980), 78.

[8] Edward Gibbon, *Memoirs of My Life and Writings, in Miscellaneous works of Edward Gibbon, Esquire. With memoirs of his life and writings, composed by himself: illustrated from his letters, with occasional notes and narrative by John Lord Sheffield* (Basel: J. J. Tourneisen, 1796), Vol. 1, p. 1.

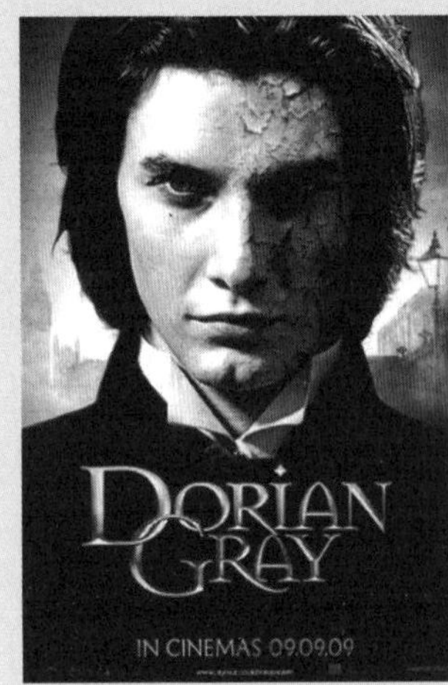

영화 <도리안 그레이> (2009) 포스터

* 『도리안 그레이의 초상』에서
그레이는 젊음과 아름다움을 유지하기
위해 자기 대신에 추악하게 늙어가는
초상화를 간직합니다. 그레이는 화가에
의해 그려진 초상이미지를 자신의
모습으로 하여 젊음과 아름다움을
유지하는데, 반면에 그의 내면은
초상화에서 추하게 망가지는 것으로
보여집니다.

수 있다고 생각한다. 왜냐하면 그들은 여전히 도리안 그레이*의 초상과 같은 경우를 허용하는 신체와 정신의 이원론을 암시하기 때문인데, 거기서 주인공의 초상 또는 이미지는 주인공이 추하게 망가지는 동안에 뛰어난 매력을 간직한다. 따라서 소마틱 스타일은 단순히 주인공의 외적 이미지가 아니라, 그것의 내적 표현 또는 그 관점이다. 왜냐하면 주인공은 단순히 내적 핵심의 비밀이라기보다는 몸을 통한 행동, 거동 그리고 태도를 통해 본질적으로 표현되거나 구성된 것이다.

사람의 행동과 소마를 통한 품행이 본질적으로 구분될 수 없다는 유교 원리의 핵심은 왜 공자가 윤리적 덕의 실천에서 품행이나 거동의 중요성에 대해 그렇게도 강력하게 주장하는지를 설명한다. 공자가 말하기를 효도의 핵심적 덕은 단지 의무적 행동을 하는 것보다도 "합당한 표정을 보일 것"이 요구된다. 왜냐하면 사람의 몸에서 드러난 표현은 그가 합당한 마음가짐으로 행하는지를 보여주기 때문이다. 그러므로 모범적인 사람은 "난폭하고 악한 행실을 멀리하기 위해…… 위엄 있는 모습을 유지"하며 "신뢰와 자신감을 가까이하기 위해…… 합당한 표정을 유지할 것"을 고집한다.❾ 신체 스타일과 윤리 스타일의 중요한 관계는 공자가 제사와 예술(특히 음악, 시, 춤 그리고 서예)을 윤리에서 중요한 두 가지라고 한 이유이기도 하다. 제사는 우리의 행동과 제스처를 스타일라이징함으로써 개인에게는 통

---

❾ 로저 에임스와 헨리 로스먼트 2세 번역의 『논어』 2: 4와
8: 4에서 인용하였다. *The Analects of Confucius: A
Philosophical Translation* (New York: Ballantine, 1998).

일성을 갖추게 하고 사회적으로는 다른 이들과 어우러지게 함으로써 우리의 성격을 다듬어내고 조화롭게 한다. 예술은 조화, 우아함 그리고 아름다움에 대한 개인의 감각을 발전시킴으로써, 사람이 자신의 행실에서 그리고 다른 사람들과 어울리는 데 이러한 특질들을 표현하는 능력을 발달시킨다. 음악을 연주하거나 함께 춤추는 것은 조화로운 습관을 만들어내는데, 그것은 둘 다 신체적이면서 또한 사회적이다.[10]

심신일치의 확고한 유교적 신념은 말을 통하지 않고도 행동으로 드러내 보임으로써 가르칠 수 있게 한다. 그러므로 공자는 "말을 금할 것"을 제안하였고, 자연이 우리를 가르치듯이 행동과 휴식 양측의 신체적 표현을 통해 말없이 가르쳤다(Analects 17: 9). 그러므로 그의 제자 맹자는 다음과 같이 기술할 수 있었다. "그의 사지(四肢)는 각각 모두 무언의 가르침을 담고 있었다."[11] 윤리적 가르침에서 소마틱 스타일의 역할이 핵심적이었기 때문에 『논어』에서 공자의 품행(그의 행동이 취해진 다양한 상황에서 먹고, 입고, 절하고, 걷는 등등의 방법들)에 대해 그렇게도 많이 쓰여 있는 이유다. 이러한 생각의 결론은 사람이 자신의 사악한 윤리적 성격을 숨길 수 없다는 것이다. "그의 말"뿐만 아니라 "그의 눈동자"가 성격을 나타낼 때 "어떻게 인간이 자신의 진정한 성격을 숨길 수 있는가?"라고 맹자는 묻는다(『맹자』 IV, A: 15). 이러한 스타일과 성격에 대한 유교적 생각에 영향받은 서양의 사상을 우리는 뷔퐁의 유명한 경구 "Le style c'est l'homme même(스타일은 그 사람 자신이다)"*에서 발견할 수 있다. 여기서 뷔퐁이 함께 조화하는 것으로 하려 한 것을 불행히도 비트겐슈타인은 구분되거나 거리가 있는 것으로 하는 픽처링 은유로 재해석해

* 이 유명한 문구는 "글은 그 사람이다"라고 번역되기도 합니다. 여기서 슈스터만은 "Style is the man himself"라고 불-영 번역을 덧붙여서 style이 양면성을 지닌 개념이라는 것을 강조하고 있습니다. 이 책의 '예술과 스타일'의 장 참조.

---

[10] 핵심적인 유교 개념인 스스로의 인격의 발전, 세련 또는 수양은 특히 수신(xiu shen, 修身)에서 신(shen, 身)이 몸과 인격을 위한 세계라는 데서(in *The Great Learning and in Xunzi* Bk. 2) 묘사된다. 예술과 제사는 신을 수양시키는 핵심적인 방법이다. 그러므로 제사의 특징인 몸으로 하는 절과 함께 몸을 통한 행동이나 노동은 때때로 신을 발전시킨 글자인 궁(gong, 躬)을 전달하기도 한다.

[11] Mencius 7A21. W. A. C. H. Dobson의 번역을 사용하였다. *Mencius* (Toronto: University of Toronto Press, 1963), 181.

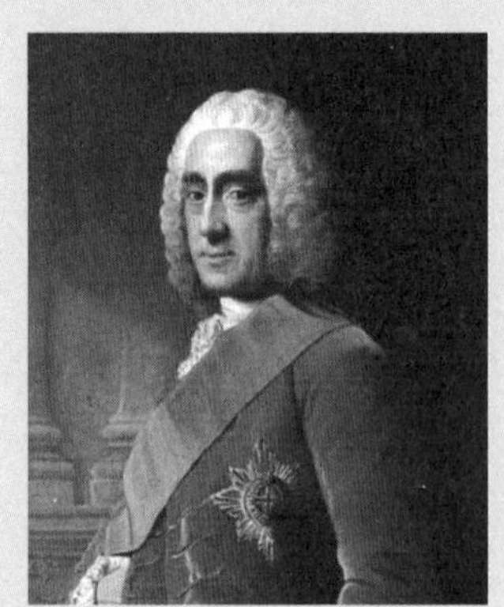

버렸다.

사람의 성격과 사상의 핵심(그것이 문학이든 다른 것이든)에서 스타일을 구분하는 것은 픽처링이나 이미징보다는 다른 은유에서 표현을 발견한다. 그러한 분리시키는 은유는 의복과 관련되는데 옷이 몸의 일부가 되는 것이 아니라 단순히 몸에 옷을 입힌다는 것이다. 이것의 예로 전형적인 것은 체스터필드 경의 진술이다. "스타일은 생각의 의복이다. 그리고 언제나 생각을 올바르게 고쳐준다. 만약 당신의 스타일이 조야하고, 거칠고, 상스럽다면 그들은 단점으로 나타나고, 당신의 인품이 잘 균형 잡혀 있다고 하더라도 누더기를 입고, 먼지를 뒤집어쓰고, 넝마를 걸친다면 당신의 인품도 잘못 받아들여질 것이다."[19] 옷이 조야하지 않고 세련되도록 몸을 입히는 것처럼 스타일은 우리의 생각을 상스럽지 않고, 더 세련되고, 더 뛰어나도록 다듬는다. 그러나 이 은유는 스타일의 단점으로 변할 수 있다. 옷이 몸을 감추거나 가리기 때문에 스타일은 사람의 생각을 흐리거나 왜곡시킬 수 있다. 여기에서 스타일은 사람의 진정한 생각의 실체를 감추는 것이거나 매너로 잔뜩 치장되어 있지만, 실제는 아무것도 없고 대화할 가치도 없고 진정한 실체도 가지지 못한 것을 알아보는 데서 우리가 주목하지 못하게 하는 인위적 옷 입힘이 된다. 여기서 스타일은 교묘한 술책, 위장, 쓸데없는 것, 장식, 가장 그리고 가짜와 같은 것이다.

소로는 '겉치레와 꾸미기'의 요란함을 가지고 스타일을 비판하였는데, 그 비판은 격에 맞게 자신을 꾸미지 않고 실용적이지 않은 매우 비싼 옷처럼 과도한 주목을 끄는 인위적 스타일을 향한 것이었다. 소로

[19] Earl of Chesterfield, *Letters to His Son: On the Fine Art of Becoming a Man of the World and a Gentleman* (New York: Tudor, 1937), 245.

는 간소하고 실용적 스타일을 옹호하면서 블레즈 파스칼의 자연스러운 스타일(natural style)의 이상을 주장하였는데, 파스칼은 자연스러운 스타일을 예술가가 만들어내는 인위적 가장이 아닌 인간 영혼의 생생하고 솔직한 대화를 통해 우리를 즐겁게 하는 것이라고 칭송하였다. "자연스러운 스타일을 볼 때 우리는 경의로워하고 즐거워한다. 왜냐하면 우리는 그 스타일을 만들어낸 이를 보기 기대하며 그 스타일에서 그를 찾아낼 수 있기 때문이다."[13]

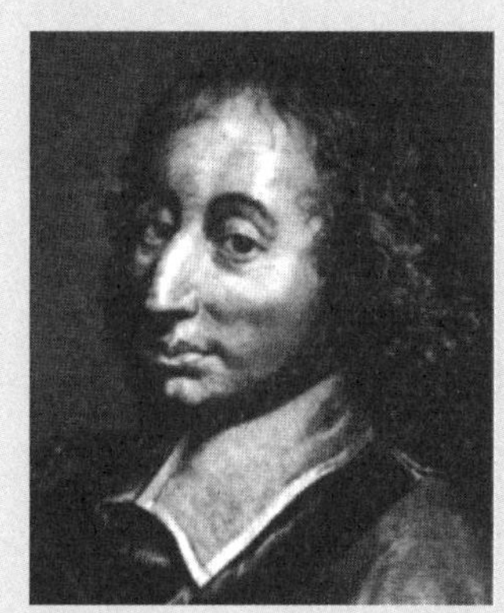

블레즈 파스칼

　자연스러운 스타일을 칭송하는 이 경구는 스타일과 성격 또는 인격이 밀접하게 연관되는 것을 암시한다. 여기서 파스칼은 분명히 글 쓰는 스타일을 언급하고 있기는 하지만, 우리는 자연스러운 스타일 개념을 문학에서의 표현법만이 아니라 사람의 소마틱 스타일에도 적용할 수 있다. 왜냐하면 우리는 그와는 반대로 사람의 품행과 제스처 스타일에서의 억지스럽게 꾸미거나 용모와 복장을 인위적으로 스타일라이징하는 것을 자주 비판하기 때문이다. 그러나 자연스러운 스타일 개념은 몇 가지 흥미로운 질문을 제시한다. 스타일을 자연스럽게 하는 것은 무엇인가? 그리고 어째서 자연스럽다는 것이 좋다는 것을 암시하는가? 자연스러운 스타일을 가지는 것이 어떻게 뚜렷한 스타일이 없는 것이나 이름 붙일 가치가 없는 스타일을 지니는 것과 달리, 가능한 한 가장 자연스러운 방법을 행하는 것, 또는 본능적이고, 무의식적이고, 꾸밈없는 매너를 행하는 것으로 구별될 수 있을까? 어떻게 꾸며지고 자연스럽지 않은 것으로 만들어버리지 않고 자연스러운 스타일을 발전시킬 수 있

[13]　Blaise Pascal, Pensées, Section 1: 29 "Thoughts on Mind and On Style," in *Pensées and The Provincial Letters* (New York: Modern Library, 1941), 11.

을까? 그러한 질문은 스타일 개념의 양면성을 반영하기 때문에 우리는 이제부터 그것의 다섯 겹으로 겹쳐진 복잡한 성질을 분석할 것이다.

III

1. 스타일은 가치평가적 감각에서 누군가 또는 어떤 것을 칭찬할 때 자주 사용되는 용어다. 예를 들면 누군가에게 스타일이 있다고 말함으로써 그 사람의 가치를 이야기하는 것처럼 말이다. 그리고 그러한 상황과 사람을 스타일리시하다고 묘사하는 데서 암시되는 것은 그 사람의 드러난 스타일이 좋다는 것이다. 그러나 그 말은 또한 그와 다른 가치 중립적(nonevaluative)일 수도 있는데, 그 경우 누구나 그만의 스타일(말하는 것, 글 쓰는 것, 품행, 옷 입기 등)을 가지고 있다는 의미다. 비록 그 스타일이 매력적이지 않고 구닥다리에, 경칭적 감각에서 스타일이 없다고 하더라도 말이다. 우리가 "이건 존의 스타일이야."라고 말할 때, 스타일이라는 말은 그 사람이 자신을 드러내거나 행동할 때의 특별한 방식을 의미하며, 그것이 정말 많은 것을 묘사하지 않는다는 것을 생각한다면 이것을 가치중립적 의미인 '묘사적(descriptive)' 스타일이라고 부를 수 있다. "그것이 존의 스타일이야." 또는 "그는 스타일이 있어."라고 말하는 것은 아마도 이후 존이 행동하거나 말하거나 옷 입는 방식에 대한 묘사를 위한 기준점이 될 수도 있지만, 단순히 그 자체로 주목할 만한 것이나 표면상으로 그렇게 나타나는 경우 일 수도 있다. 그 경우에 말하는 이가 더 나은 말로 묘사할 수 없거나 단순히 더 묘사할 가치가 없는 것으로 여기는 것처럼 생각될 수도 있다. 만약에 옷

입기가 소마틱 스타일에 속한다면 소마틱 스타일은 옷 입기가 지닌 애매함을 포함한다고 할 수 있다. 그러나 그러한 소마틱 스타일의 개념을 제외하고 나서도 (우리는 경칭적 의미에서 걷기, 제스처, 먹기, 자기 의자에서 들어오고 나가는 방식에서) 얼마나 더 스타일리시하거나 덜 스타일리시한지를 볼 수 있다. 그러나 얼마나 스타일리시하지 않은지에 상관없이 그 방식은 묘사적 감각에서 누군가 스타일의 전형적 예가 될 수 있다. 예를 들면 볼썽사납고 매력 없지만 특유의 스타일로 먹거나 걷는 경우처럼 말이다.

2. 스타일은 총괄적(generic)일 수도 있고 개인적(personal)인 것일 수도 있다. 그림에서 우리는 바로크 스타일이나 입체파 스타일에 관해 이야기한다. 하지만 우리는 바로크 화가들의 개인적 스타일에 대해서도 이야기할 수 있다. 더 기억에 남는 화가가 되기 위하여(또는 다른 장르에서 의미 있는 예술가가 되기 위하여) 사람은 단순히 총괄적 스타일을 보이기보다는 특징적·개인적 스타일을 가져야 한다. 물론 예술가는 (입체파, 초현실주의, 추상적 표현주의 등) 다양한 스타일을 전개해야 하지만, 우리는 여전히 그 예술가가 사용하는 다양한 총괄적 스타일에서 의미 있는 개인적 스타일을 발견한다. 또한 그것은 다양성에 깔려 있는 통일적 스타일이며, 개인의 특정한 천재성을 표현하기도 한다. 때때로 우리는 한 예술가의 초기 스타일과 후기 스타일을 구분한다. 같은 종류의 구분은 때때로 철학자의 다양한 스타일에서도 생길 수 있다. 예를 들면, 비트겐슈타인의 후기 철학은 전기 논고 시기와는 눈에 띄게 달라졌으며 철학 집필 스타일 또한 격하게 바뀌었다. 집필 스타일이 너무 달라서 내용의 차이가 더 크게 보이기까지 한다. 그러나 우리는 그

둘의 차이에도 불구하고 두 시기 모두에서 함께 비트겐슈타인의 독특하고 두드러진 철학적 성격을 표현하는 하나의 중요한 스타일 또는 특질(quality)을 볼 수 있다. 총괄적 스타일과 개인의 스타일 대조가 유용하고 명확하다고 하더라도 개인의 스타일이 매우 독특하고, 영향력 있고, 눈에 띌 수 있어서 개인의 성격이 더 총괄적 방식으로 그 스타일을 나타내는 개인이 아닌 다른 사람에게 적용될 수 있다는 것은 주목할 만하다. 보통 그 스타일의 시사가 다른 이들이 자신의 특징적 스타일을 개발하지 못하게 하더라도 말이다. (그러므로 우리는 누군가가 후기 비트겐슈타인의 철학적 스타일을 가졌다고 하거나 헤밍웨이 풍의 글쓰기 스타일을 가졌다고 말할 수 있다.)

    마찬가지로 소마틱 스타일은 총괄적일 수도 있고 개인적일 수도 있다. 명백하게, 총괄적인 옷 입는 스타일이 있다. 그것은 격식을 갖춘 것, 세미포멀, 비즈니스 인포멀, 깔끔한 캐주얼, 비즈니스 캐주얼의 드레스코드를 분류하는 스타일을 포함한다. 어떤 것은 여전히 취미 그룹적 스타일(프레피, 그런지, 코퍼레이트, 힙합 등등)을 포함하는 반면, 어떤 것은 인종적 장르의 스타일(예를 들어 일본풍, 인도풍, 유대인풍, 스코틀랜드풍 등등)이다. 그러나 각 장르의 옷 입는 스타일에서 개인은 자신만의 개인적 스타일을 찾기 위해 고심한다. 움직임의 소마틱 스타일도 총괄적일 수 있다. 군대의 훈련 전문 하사는 소믈리에와 다른 걸음걸이와 제스처를 하고, 수녀는 런웨이 모델이나 창녀와는 다르게 걷고 다른 제스처를 취한다. 그들의 다양한 총괄적 소마틱 스타일은 그들의 직업을 통해 축적된 몸에 새겨진 습관이다. 또한 스포츠는 다른 총괄적 소마틱 스타일을 만들 수 있기 때문에 우리는 서퍼, 수영선수, 스모선수의 몸 스타일에 대해서도 이야기할 수 있다. 마찬가지로 음악의 세부

문화는 단순한 옷 입기를 넘는 소마틱 스타일을 만들어낸다. 예를 들면 힙합문화에서 비보이(b-boy)의 걷는 방식이나 제스처처럼 말이다. 다른 총괄적 소마틱 스타일은 각각의 연령 그룹과 연관된다. 우리는 때때로 다 자란 남성의 모습이나 몸 또는 움직이는 스타일을 소년스럽다고 묘사한다. 또는 성인 여성의 소마틱 스타일을 소녀같다거나 반대로 나이보다 성숙해 보이거나 나이 들어 보인다고 한다.

아마도 가장 총괄적인 소마틱 스타일은 성별일 것이다. 여성스럽게 보이고, 걷고, 제스처를 취하고, 앉는 것 등은 남성스러운 외모, 자세 또는 움직이는 스타일과 반대된다. 그러나 그러한 총괄적 스타일과 함께 직업, 세부적 문화 또는 연령대에서 개인은 각각 자신의 개인적 움직임의 스타일, 특징적 걸음걸이 그리고 제스처의 방식을 지닐 것이다. 때로는 특정 개인의 스타일이 영향력을 가지고 매우 뚜렷하게 총괄적 스타일(예를 들면, 트위기룩)을 만들기도 한다. 하지만 그처럼 뚜렷하지 않은 스타일이라도 보는 사람에게는 매우 확실하게 보일 수 있다. 사실 본인이 그것을 의식적으로 개발하거나 나타내려 하지 않으며, 심지어는 자신이 드러내는 것이 무엇인지 모른다고 해도 말이다.

3. 이것은 스타일 개념에서의 세 번째 구분을 드러낸다. 그것은 확실한 스타일라이제이션을 통해 의식적으로 꼼꼼하게 구성하는 것과 즉각적이며 성찰을 거치지 않은 표현의 대립이다. 작가들이 자주 의식적으로 자신들의 스타일을 발전시키고 향상하려고 고심하는 것처럼 많은 사람은 스스로의 몸을 스타일라이징하는 데 엄청나게 많이 고심하고 노력한다. 신체를 통한 셀프 스타일라이제이션은 화장, 패션, 다이어트, 운동, 성형수술 산업, 그리고 스스로의 스타일을 만들고 싶은 우리의

욕망을 자극하여 그것을 지지하는 광고산업을 먹여 살리는 엄청난 상업적 마켓을 만들어낸다. 이러한 욕망은 다른 이들과 잘 섞이기를 바라면서도 눈에 띄고 싶다고 바라는 역설적 형태를 만들어낸다. 바꿔 말하면, 셀프 스타일링은 어떻게 보면 어떤 사회의 취미 그룹 개념에 순응하는 것을 포함하면서도 개인적 표현을 배제하는 총괄적 스타일로 순응하는 것을 꺼리는 것이다.

자발적 스타일라이징의 영역에서 우리는 의식적으로 의도하여 스타일라이징하는 것과 성격이나 취미가 무의식적으로 표현되는 즉각적으로 선택되는 스타일을 구분할 수 있다. 전자의 경우에 이러한 의식적·의도적 노력은 아마도 자신만의 스타일을 만드는 이에게뿐만 아니라 그 스타일을 보는 사람들도 분명하게 인지할 것이다. 만약 자신의 스타일을 만드는 것을 너무 의식하고 노력하는 것이 보인다면 그것을 보는 이는 그 스타일이 꾸며진 것이고, 억지스럽고, 인위적이라고 비판하기 쉽다. 반대로 후자의 경우에 성찰을 통하지 않은 스타일의 즉각성인데, 우리는 이것을 자연스러운 스타일을 예증(exemplify)하는 것으로 지시해야 할 것이다. 그러나 우리가 여기서 다루고 있는 즉각성의 형태가 본능적이 아니라 극히 문화적으로 조건 지워진 것이라는 것을 신중하게 인식해야 할 것이다. 개인은 단순히 자신을 둘러싼 환경(그것은 이미 사회적 환경이다)에서 어떤 신체적 양식 또는 모범이 되는 이를 선호하게 된다. 그러고 나서 아무런 성찰도 거치지 않고 자발적인 신체의 행동으로 그를 본뜨는 것으로 그러한 선호를 즉각적으로 표현한다. 우리가 어떻게 걷고, 먹고, 입고, 머리를 빗는지 등등을 말이다.

그러한 경우에 자신의 스타일을 만들어내는 것은 의도적으로 의식해서 하는 것이라기보다는 습관적이게 된다. 그리고 습관이 반복되면 더 강해지기 때문에 셀프 스타일라이제이션의 이러한 형태는 그것이 내재적이고 계획되지 않은 것이라고 해도 매우 강력할 수 있다. 그러므로 만약 우리가 여기서 자연스러운 스타일에 대해 말한다면 그것은 습관의 두 번째 본성 (습관의 또 다른 본성은 그것의 피할 수 없는 사회세계의 반영이다)인데, 그러한 습관의 본성은 자신의 성격 또는 성질에 흡수되는 것이다. 소마틱 스타일을 포함하여, 스타일은 어떤 매너나 방식의 묶음으로 행해지거나 나타나는 경향 또는 습관이다. 습관이 자동적 메커니즘을 포함하고 우리를 망가뜨리는 습성을 이끌 수 있음에도 습관은 그들을 새로운 조건에 적용시키고 쓸모 있게 발전시키도록 새로운 요소와 적용된 것을 결합시키는 것에서 창의적일 수 있다. 사실 습관이 가진 힘은 그러한 창의적 적용에 달려 있으며, 그러한 창의적 적용은 넓은 범위에 걸친 다양한 상황과 쓰임에서 습관을 더 강해지게 한다.

4. 소마틱 스타일은 의식적 선택 없이 반성을 거치지 않고 얻어지거나 보일 수 있기 때문에 우리의 선택과 전혀 상관없이 나타날 수도 있다. 이러한 자발적이지 않은 스타일의 형태는 여러 원인이 있을 수 있다. 예를 들면, 우리에게 익숙한 걷거나 먹는 방식, 또는 직업을 통해 발전된 몸에 밴 습관에서 생길 수 있으며, 우리의 유전자 구성이 몸과 식욕을 만들어내는 방식에서 생길 수도 있다. 여기서 우리가 깨닫지 못하고 있는 소마틱 스타일의 자발적이지 않은 표현과 명백한 의식을 가지고 있지만 통제할 수 없는 것 사이를 구분할 수 있다. 자신이 먹을 때 거칠고 매력적이지 않은 매너를 가지고 있는 것이나, 스스로 독특한 자세 또는 걸음걸이를 가지고 있다는 것을 깨닫지 못할 수 있다. 그리고 그것이 아

마 그것을 고르거나 바꿀 수 없는 가장 중요한 이유일 것이다. 그러나 자신이 얼굴을 붉히고, 말을 더듬고, 심하게 땀을 흘리거나, 과식하거나, 너무 크게 웃거나 너무 쉽게 우는 경향이 있다는 것을 스스로 깨닫고 있다고 한다고 해도 여전히 소마틱 스타일의 이러한 차원을 바꾸지 못할 수도 있다.

한편 어떤 이론가들은 자발적이지 않은 신체적 특징을 진정한 스타일의 차원으로 생각할 수는 없을 것이라고 반박할지도 모른다. 그들은 이렇게 반문할 것이다. 특정한 스타일을 가지는 것이 본질적으로 선택의 가능성을 수반하지 않는가? 선택하는 것에서 다른 스타일들, 즉 행동하거나 자신의 신체를 통해 나타내는 다른 방식들이 존재한다는 것을 제시할 필요가 있지 않은가? 그렇다. 하지만 그것은 그러한 다른 스타일(또는 스타일의 선택)이 당사자에게 가능하다는 것을 의미하지는 않는다. 따라서 그러한 의미에서 사람의 스타일에는 자발적이지 않은 관점이 있을 수 있다. 마찬가지로 만약 모든 스타일이 행동과 보이기의 요소, 양식에서 어느 정도의 자유로운 선택이 가능하다고 해도 그것이 그 사람에게 지워진 스타일의 다른 관점을 배제할 수는 없다. 그래서 우리는 특별한 스타일의 형태가 다른 스타일보다 확실히 더 강요되어 있고, 따라서 완전한 선택의 자유가 부족하다는 것을 암시하는 것을 나타내기 위해 '프리 스타일'이라는 용어를 주로 사용한다. 그리고 '프리 스타일'이라고 불리는 것들조차 만약 그 스타일을 표현하고 있는 사람이 너무 잘 표현하려고 노력한다면 완전히 자유롭다고 할 수 없다.
5. 패션과 자주 연관되는 것 때문에 스타일은 종종 순간적인 것으로 보이곤 한다. 그러나 개인이 자신만의 스타일을 가지는 것은 단순한 순간적인 사건이 될 수 없다. 그것은 어떤 방식(또는 관련된 방식의 영역)으

로 행동하거나 보여주는 경향을 나타낸다. 그러므로 이것은 오랜시간에 걸친 반복과 지속을 나타내는 경향과 습관을 포함한다. 개인적 스타일이 오랜 시간에 걸쳐서 파악되고 특성화되고 다시 자신의 것이 되기 위해서 어느 정도는 영구적이고 지속적이어야 한다. 그러나 스타일은 상황적이거나 순간적 차원을 갖는다. 어떤 사람의 글쓰기나 옷 입기의 스타일은 기본적으로 변하지 않을 수도 있지만, 상황(격식을 차려야 하는 경우나 갑작스러운 경우, 익숙한 상황이나 격식 없는 모임)에 따라서 다양해질 수 있다. 사람의 평상시의 옷 입는 스타일이 아무리 캐주얼하거나 너저분하더라도 결혼식 또는 다른 격식 있는 행사에 참여하는 상황은 다른 의복 스타일을 갖추게 할 것이다. 구직 원서를 쓸 때의 스타일은 친밀한 사람에게 보내는 문자메시지의 스타일과는 다를 것이다. 마찬가지로 소마틱 스타일은 이러한 영구함과 상황적인 것 사이의 일반적 구분에 놓인다. 같은 사람이라도 저녁과 아침의 소마틱 스타일이 다를 수 있다. 아침의 소마틱 스타일은 매우 활발하고 역동적 움직임(종종 지나친 카페인으로 심화되는)으로 가득 차며, 그것은 그의 저녁 움직임과 제스처의 (느리고 지친) 스타일, 그리고 사무실에서 긴 하루를 보낸 후의 자세(눈에 띄도록 늘어지고 힘이 빠져 있거나 긴장이 풀려 있는)와는 매우 다르다. 나는 뉴욕과 필라델피아의 통근 열차를 타고 다니면서 이 변화를 직접 경험하였다. 이와는 다른 상황에서 알 수 있는 것처럼 어떤 이는 교실에서는 양처럼 온순하지만 침실에서는 암사자 같을 수도 있으며 그 반대도 가능하다.

IV

몸을 통한 표현처럼 소마틱 스타일은 몸의 다양한 요소를 통해 만들어지고 표현되어야 한다. 그리고 몸의 감각을 통해 감상되어야 한다. 그러면 소마틱 스타일의 요소들은 무엇이며, 그것을 지각하는 감각양식은 무엇인가? 후자의 질문부터 다루면서 우리는 소마틱 스타일이 외모와 동의어로 여겨지기는 하지만 사실 훨씬 더 많은 것을 포함한다는 것을 알게 될 것이다. 시각이 소마틱 스타일을 감상하는 데 매우 중요할 수도 있지만, 다른 감각도 결정적으로 포함된다. 철학에서는 일반적으로 시각 다음으로 청각을 중요한 인식적·미적으로 세련된 감각으로 여긴다. 그 이유는 청각이 시각과 마찬가지로 거리에 대한 지각[*]으로 특징지어지기 때문이다. 그러면 청각은 어떤 방식으로 소마틱 스타일을 지각하는가? 첫째로, 목소리는 우리 몸의 숨통을 조정함으로써 만들어지며, 사람의 소마틱 스타일의 측면으로서 기능한다. 만약 낮고 거친 목소리를 지닌 것으로 알고 있던 사람이 갑자기 가성을 쓰거나 머뭇거리면서 속삭인다면 우리는 그가 평상시 스타일을 바꿔서 장난을 치는 건지 아니면 어디가 아픈건 아닌지 궁금할 것이다. 일반적으로, 특정한 몸의 스타일은 특정한 목소리의 스타일을 연상시킨다. 그래서 우리는 우람하고 육중한 레슬링선수가 날카롭고 째지는 소리로 말하는 것을 들으면(또는 작은 소녀의 우렁찬 바리톤 소리를 들으면) 속으로 웃는다. 이것은 소마틱 스타일의 부조화 때문에 그렇다. 여성역할의 남성 동성연애자의 총괄적 소마틱 스타일은 옷과 제스처적 매너에서와 마찬가지로 특정한 스

[*] 서양철학의 기초가 되는 고대 그리스 철학에서, 시각 청각은 거리를 둔 감각으로, 후각 미각 촉각은 가까운 감각으로 생각되었다. 왜냐하면 당시에는 멀리 떨어져 있어도 보고 듣는 것은 가능하지만, 냄새 맡고, 맛보고, 만지는 것은 가까워야 할 수 있다고 생각하였기 때문이다.

타일의 목소리(전형적으로 높고, 노래 부르는 것 같고, 혀짧은 말투)에서도 표현된다. 끊임없는 말 더듬기 또는 고함치는 것도 사람의 소마틱 스타일에 공헌할 수 있다. 그리고 우리는 자주 이러한 스타일의 청각적 측면을 소마적 행동의 시각적 표현을 파악하기 전에 가장 먼저 알아채는데, 그것은 사람의 표정뿐만 아니라 일반적으로 자세까지도 변형시킨다.

소마틱 스타일에 관련하는 청각적 측면은 말할 때의 목소리를 넘는 범위까지 걸쳐 있다. 온몸으로 깔깔 웃는 스타일의 웃음이 있고 팽팽하지만 통제 불가능하게 터져나가고 반복적으로 높은 소리로 킬킬 웃는 스타일이 있으며, 사람의 소마틱 스타일을 만들어내는 울거나 한숨 쉬는 방식이 있다. 그리고 그러한 방식들은 울고, 웃고, 한숨을 쉬는 방식에서 우리 몸의 움직임과 얼굴이나 자세의 표현을 변화시키는 시각적인 면과 쌍을 이루고 있다. 또한 소마틱 스타일에서의 소리는 기침하고, 헐떡이고, 재채기하고, 투덜대고, 트림하고, 코 고는 방식을 포함한다. 우리는 섬세하고, 부드럽고, 세련된 소마틱 스타일의 여성에게서 귀에 거슬리는 재채기 또는 귀청 떨어질 것 같은 코 고는 소리가 날 것이라고 생각하지 않는다. 천둥 같은 트림이나 큰 방귀 소리는 언급할 필요도 없다. 그녀가 반복적으로 이런 소리를 낸다면 그녀의 소마틱 스타일에 대한 우리의 판단은 섬세하고 품위 있는 것에서 시끄럽고 상스러운 것으로 바뀔 것이다.

소마틱 스타일에서의 소리는 우리 몸의 구멍을 통한 공기에 의한 소리뿐만 아니라 몸에 달린 팔다리 등을 가지고 만드는 소리이기도 하다. 우리는 열정이나 놀람으로 허벅지를 치는 요란한 소마틱 스타일을 가진 사람이나 시끄럽고 달랑거리는 보석으로 치장한 스타일의 여성의 소리를 들을 수 있다. 우리는 털썩거리는 무거운 발걸음을 통해서 서툴고 육중한 소마틱 스타일을 알아채는 반면에 가볍게 걷는 이의 작은 발에서 나는 경쾌한 소리는 부드럽고 가볍고 편안한 소마틱 스타일을 표현한다. 우리는 자주 사람의 특징적 스타일의 걸음걸이를 통해 그가 누구인지를 깨닫는다. 보통 걸음걸이는 시각적 인식이지만, 만약 우리가 그 사람으로부터 충분히 가깝다면(또는 바로 그 아래층의 방에 있다면) 그것을 듣고 누구의 걸음걸이인지를 알아낼 수 있다. 우리 대학에는 무겁고 걸음이 불안정해서 걸을 때 나무지팡이를 쓰는 동료 교수가 있다. 아직 보이지 않을 때에도 그가 나타나는 것을 쉽게 알아챌 수 있는데, 그의 발과 나무지팡이가 바닥 또는 복도에 부딪히는 박자로 알아챌 수 있다. 뿐만 아니라 소리의 소마틱 스타일에서 물론 더 많은 것들이 이야기되어야 한다. 예를 들면, 다양한 먹는 스타일에서 만들어진 다양한 소리(시끄럽게 씹거나 트림하는 것, 쩝쩝대는 것 등등) 또는 사람들이 서 있는 자세에서 앉거나 누울 때 만드는 다양한 소음들과 반대로 앉아 있거나 누운 자세에서 일어날 때 만드는 소음들이 있다. 그러나 이제는 다른 감각 양식에 대해서도 이야기해야 할 것이다.

논리적으로 봐서 냄새는 그다음으로 다루어져야 할 것이다. 왜냐하면 그것은 시각이나 청각처럼 냄새를 풍기는 대상으로부터의 직접적 접촉을 전혀 요구하지 않는 거리를 둔 감각이기 때문이기도 하지만, 다른 사람의 몸에 대한 우리의 반응과 반대로 우리 자신의 소마틱 스타일링에서 향기의 힘과 퍼지는 힘 때문에라도 냄새는 소리 다음으로 다뤄져야 할 것이다. 어떤 소마틱 스타일은 특정한 냄새를 가지고 의도치 않게 표출된다. 우리가 담배 피우는 사람을 그가 담배를 들고 있지 않아도 옷과 땀구멍에 배어든 담배 냄새로 쉽게 알아채는 것처럼 술을 많이 먹는 사람은 매우 강력하고 불쾌한 그의 특징적 냄새를 지닌다. 야만스럽고 풀냄새 나는 목욕을 하지 않는 사람의 소마틱 스타일이나 도시 부랑자의 소마틱 스타일은 마찬가지로 구린내 나는 냄새를 통해 드러난다. 마찬가지로 식습관의 스타일도 음식 냄새 자체를 통해서뿐만 아니라 피부와 호흡에 남아 있는 냄새의 흔적을 통해서 알아채진다. 일본의 시골에 있는 장모의 작은 마을에 도착했을 때 사람들이 나에게 한국사람 같은 냄새가 난다고 말했던 것을 기억한다. 왜냐하면 나는 하룻밤 전에 서울에서 마늘이 많이 들어간 음식을 먹었고, 그것이 여전히 나의 몸을 통하여 냄새를 내고 있었기 때문이다. (이미 청각적 요소로 기술되었던 트림과 방귀가 종합적일 수 있으므로 소마틱 스타일의 후각적 차원을 형성할 수 있다는 것을 언급하는 것은 너무 품위 없고 빤한 것일까?)

그러나 향기가 특별하게 주목받을 만하다는 것에는 누구라도 동의할 것이다. 왜냐하면 향기는 우리가 몸을 셀프 스타일링하는 데 중요한 역할을 하기 때문이다. 누구나 바라는 향기의 스타일을 지닌 몸에 도달하는 것은 단순히 불쾌한 체취를 없애는 것 이상을 의미한다. 만약에 완전히 몸의 냄새를 없애는 것이 실제로 가능하다면 아마도 그것은 매력 없이 시시할 것이며 방부제로 처리한 것처럼 특징이 없을 것이다. 단순히 쾌적하기만 한 냄새도 만족스럽지 않다. 열심히 자기 스타일을 만들어내는 사람은 그 대신에 어떤 향기의 고유의 매력을 넘어선 향기를 찾으며, 그뿐만 아니라 그 사람이 나타내고 싶어 하는 (그리고 그것을 통해서 훨씬 더 매력적이 되기 위하여) 특정한 성격, 개성 또는 스타일을 표현하는 향기를 찾는다. 특정한 상황(특별한 이벤트, 구직 인터뷰, 또는 데이트)이든 일상에서든지에 관계없이 말이다.

단순히 다른 이의 취향을 만족시켜 그들을 매료시키려고 향기를 선택하는 것은 아니다. 그것은 의류 패션에서처럼 자신의 취향에 대한 주장이며 스타일에서 자신의 취향을 지니고 표현하기 위한, 감각적일 뿐만 아니라 인식적으로도 감상되는 매력이다. 이것이 바로 가장 성공적인 복식 디자이너들이 향수 디자이너이기도 한 이유다. 게다가 그 스타일이 표현하는 것은 외양적 체취나 후각적 감식에서의 단순한 피상적 질료 이상의 것일 뿐만 아니라 사람의 본질적 성격 또는 윤리적 스타일의 표현이기도 하다. 최근의 앤젤리카 휴스턴의 증언을 생각해보라. 그녀는 자신이 고른 장 파투의 '밀'이라는 향수를 열렬하게 찬양했는데, 그것은 그녀 자신의 독특한 개성을 표현할 뿐 아니라 구하기가 너무 어려워 그것을 사용하는 그녀를 훨씬 격조 높게 차별화시켰다.

그때 프렌치 보그 편집장이었으며 매우 뛰어난 후각적 감각을 지닌 것으로 잘 알려진 나의 친구 조앤 줄리엣 벅은 내가 파리를 방문했을 때 나에게 '밀'을 보여주며 말했다. "이것은 당신에게 아주 잘 어울릴 거예요." 내가 그 향기를 맡은 순간부터 그것은 이미 나의 것이었다. 그것은 나의 어머니가 내가 어린아이였을 때 처음으로 나에게 주었던 블루 그래스 이후의 다른 어떤 향수도 도달하지 못한 방식으로 나에게 다가왔다. 그것은 원숙하고, 꽃향기가 나고 따스하다. 너무 히피스럽지 않은 약간의 풍취와 너무 달콤하지 않은 적당한 꽃향기를 가지고 말이다. 그것은 블로뉴 숲*에서의 한밤중 같은 향기가 난다. 섹시하고 신비스러운. 나는 그것이 어떤 무드를 만들어낸다고 생각한다. 그것은 매력적이다. 그것은 내가 후각적 감각은 물론 시각적인 것에서도 삶에 흥미를 가지고 있다고 말한다. 나는 무언가를 하고 싶은 기분이 든다. 그것은 또한 나는

* 프랑스 파리 서부의 삼림공원.

여성이며 완전하다고 말한다. 그것은 나의 어머니의 향수와 같이 한다. 오늘날까지 나의 기억을 따라다니는 어머니의 향수 샬리마. 나는 그것을 잠잘 때에도 뿌렸다. 나는 그것을 오래된 스타일로 (단, 진주를 달지 않았을 때) 나의 귀 뒷부분에 뿌렸다. 사람들은 그 향기를 정말 좋아한다. 내가 담배를 피우고 다녔을 때조차 사람들은 나에게 좋은 냄새가 난다고 하였다. 그것은 물론 특별한 의미가 있다! 누군가와 포옹할 때 그가 당신에게서 좋은 향기가 난다고 한다면 그것은 훌륭하고 기대치 않은 즐거움이다. '밀'은 드물고 찾기 어려운데, 그것이 바로 내가 그것을 좋아하는 이유다. 그것은 나와 같은 냄새가 나는 많은 사람과 마주칠 일이 별로 없다는 것을 의미한다.[14]

몸 향기 스타일의 테크닉과 감상을 현대 자본주의적 소비문화의 생산물로 오해해서는 안 될 것이다. 왜냐하면 우리는 그것이 중세의 일본에서 가장 강력하게 존재했던 것을 발견하기 때문이다. 향기를 제조하는 것은 순수예술로서 열광적으로 개발되었고 미적 감각이 있는 귀족들은 복잡한 향기를 만들어내는 기술과 향기를 멋스럽게 구별하고 그의 구성성분을 알아내는 기술을 존중하면서 서로 경쟁하였다. 고전 『겐지 이야기』에서 우리는 그러한 "좋은 냄새가 나도록 하는 경쟁"에 대해 읽는다. 그리고 사실상 그 책의 마지막에서 두 명의 남자 주인공은 특히 절묘하게 다른 향기 스타일에 의해 구분된다. 왕자 니오우*는 '향기 나는 전하'로 알려졌는데, 왜냐하면 "향수를 만들어내는 일이 그의 아침부터 저녁까지의 일이 되었기" 때문이다. 그리고 그의 라이벌인 가오루**는 '향기 대장'으로 불렸는데, 왜냐하면 그의 몸은 주위의 좋

---

[14] Angelica Houston (as told to Christine Mulke), "1001 Nights," *New York Times*, Style Magazine, Women's Fashion Summer 2010, Sunday April 25, p. 58.

* 일본어 동사 니오우(匂う)는 '향기가 나다'라는 뜻임.

** 일본어로 가오루(薫る) 역시 '향기가 나다'라는 뜻임.

은 향기를 모으는 능력이 있었기 때문에 그는 스스로 향수를 만들 필요 없이 향기가 몸에 스며들었다.⑮

후각과 밀접하게 관련된 것은 미각인데, 사실 미각은 후각에 많이 의존하고 있기 때문에 후각 능력이 코감기에 의해 방해를 받을 때 미각 능력 역시 마찬가지로 감소한다. 냄새와 맛은 단어의 사용에서도 겹치게 된다. 그래서 우리는 맛과 향기 양쪽에서 과일같다(fruity)거나 맵다(spicy)고 말하고, 신선하다(fresh)거나, 퀴퀴하다(stale)거나, 자극적(pungent)이라고 말한다. 그럼 우리는 미각을 통해서도 소마틱 스타일을 감상할까? 물론 우리는 사람을 보거나 듣거나 냄새 맡지만 맛보지는 않는다. 그러나 우리는 자신에게 가장 가까운 친밀한 타인과의 접촉에서 때때로 맛을 통한 소마틱 스타일을 감상한다. 연인의 입에서 나는 신선한 맛, 민트 향, 마늘 맛, 와인이 흠뻑 밴 맛 또는 오래된 담배 맛은 소마틱 스타일에 잊을 수 없는 흔적이 될 수 있다. 그것이 좋은 것인지 나쁜 것인지 몰라도 마찬가지로 연인의 피부, 침 그리고 우리의 미각 돌기가 만나는 다른 체액의 특징적 맛도 역시 소마틱 스타일의 흔적이 될 수 있다.

촉각은 소마틱 스타일을 감상하는 데 두 가지 겹쳐진 감각으로 나타난다. 몸을 만질 때 그 만짐을 몸이 (대상으로서) 느끼는 방식이 있을 것이고, 또한 누가 나를 만지는 느낌이 그 사람의 몸이 지닌 의도를 표현한다고 하는 경우에 능동적 주관으로서, 만지는 몸으로서의 방식이 있을 것이다. 우리가 만질 때 만져지는 사람이 어떻게 느끼는지와 그들이 우리를 만질 때 어떻게 느껴지는지라는 이러한 촉각의 두 가지 형태는 한 사람의 소마틱 스타일에서 완벽하게 일치할 필요는 없다. 어떤 이는 거친 수염, 거친 피부, 그리고 헝클어진 머리털과 함께 건장한 근육

⑮ Murasaki Shikibu, *The Tale of Genji*, trans. Edward Seidensticker (New York: Knopf 2001), 739, 740, 겐지가 '아카시 부인'을 만나는 부분에서 우리는 이 점을 미리 배울 수 있다. "그는 가장 세련된 취미를 알 수 있는 그녀의 섬세하게 섞인 매혹적인 향기를 맡았다"(412).

질의 몸을 가질 수 있는데, 그의 이러한 모든 촉각적 거칢이 거친 소마틱 스타일을 나타낼 수 있다. 그런데 같은 사람이 타인을 매우 능숙하게 섬세하고 부드럽게 만질 수 있다. 그래서 우리는 그의 몸 표면의 거칢에도 그의 소마틱 스타일을 최종적으로 세련되고 부드럽다고 묘사할 수 있다. 누군가는 우리가 그의 피부를 만질 때 아마도 매우 춥게 느끼면서도 그가 우리를 만지는 방식에서 따스함을 표현할 수 있다. 향기에서처럼 의식적으로 소마틱 스타일을 가꾸는 이는 하나의 측면만 지닌 소마적 촉감, 즉 완전히 부드럽기만 하거나 딱딱하기만 한 것보다는 복잡한 개성을 흥미롭게 암시하면서 매력적으로 혼합된 것에서 다양한 촉각적 특질을 종합하는 경향을 다분히 가지고 있다.

따라서 기존의 오감이 모두 소마틱 스타일을 감상하는 데 사용될 수 있다고 해도 그것이 소마가 지각하는 감각적 방식들을 모두 다룰 수 있다고는 할 수 없다. 자기감수성(proprioception), 근운동감각(kinesthesis), 그리고 신체미학적 신경 시스템에 관련된 그 외의 감각들은 훨씬 나은 방식을 제공한다. 자기감수성은 내부의 감각과 그 결과로 나오는 사람의 몸과 몸 부위의 자리, 자세, 무게, 위치, 균형, 그리고 내적 압박에 대한 인식에 관련한다. 반면 근운동감각적 지각은 그러한 내적인 지각된 느낌에 더 특정적으로 관련하고 그 결과로 나오는 움직임을 통한 자세적, 위치적, 압박적 그리고 평형적 변화 인식에 관련한다. 또 다른 특별한 신체미학적 감각은 몸 온도에 대한 느낌과 사람의 내장기관 느낌(종종 아픔으로 연상되는)이다. 이렇게 뚜렷한 신체미학적 감각 중에 소마틱 스타일을 감상하는 역할을 할 수 있는 것이 있을까? 그리고 그렇다면 그것은 어떤 방법에 의해서일까?

자기감수성과 근운동감각은 명백하게 두 가지 다른 방식으로 그

역할을 행하는 듯이 보인다. 첫째는 자신의 소마틱 스타일에 대한 주체의 감각에서다. 사람의 움직임이 활기찬 에너지와 힘 그리고 우아함으로 가득 차 있을 때 또는 반대로 어색함과 불균형, 주저함 그리고 둔함으로 가득 차 있을 때, 사람은 그것을 자신의 근육, 관절 그리고 뼈를 통해 자기감수적 또는 근운동감각적으로 느낄 수 있다. 또한 자기감수성(문자 그대로 자기 스스로를 지각하는 것을 의미함)은 타인의 소마틱 스타일을 지각하는 데 사용될 수 있다. 예를 들면 공격적 스타일의 움직임을 가진 사람은 사람들에게 너무 가깝게 다가가는 경향이 있는데, 그가 다가갈 때 사람들은 자신의 사적 공간이 침해된다고 느끼고 오히려 그에게서 멀어지거나, 울거나, 경직되어버린다. 자기가 방어자세를 취하는 반응에서 자기감수적 또는 근운동감각적 느낌을 얻는 것에 의하여 사람들은 자신의 이러한 반응을 만들어내는 그 사람의 공격적 스타일을 알아챌 수 있다.

자기감수성 혹은 근운동감각이 타인의 소마틱 스타일을 지각하도록 도울 수 있는 더 나은 방식은 그 사람의 움직임이나 자세에 우리의 감정을 이입하는 감상을 통해서다. 춤이나 운동경기를 볼 때 우리는 댄서와 운동선수가 만들어내는 움직임에 감정을 이입하여 상상한 느낌을 가지고 감상하기도 한다. 느낌은 본질적으로 자기감수적 그리고 근운동감각적 감각을 포함하기 때문에 댄서와 운동선수의 움직임에 대한 우리의 감정이입적 관찰은 이러한 종류의 느낌들을 포함할 것이다(그 느낌들이 엄밀하게 봤을 때 실제 행위자의 경험과 동일하지는 않겠지만). 최근의 연구는 이러한 감정이입의 경험에 대한 신경과학적 기반을 보여준다. 그 연구에 따르면, 우리는 거울 신경(mirror neuron) 시스템을 통해 모터 액션을 보는데, 모터 액션은 시각에 관련된 신경을 작동시킬 뿐만 아니라 같은 동작을 하게 하는 것에 관련하는 모터 신경이 일어나도록 하기까지 한다는 것이다. 거울 신경은 신생아가 어떠한 보호되는 배움의 시도와 오류의 과정 없이 그가 보는 얼굴의 제스처를 따라 할 수 있는지를 설명해준다. 왜냐하면 단지 그러한 제스처를 보는 것에서 신생아는 어떤 식으로든 그러한 움직임들의 자기감수적인 모터적 느낌(사람의 입술, 입, 혀, 코 등의 위치와 근육의 압박 느낌)을 경험하기 때문에 그 경험은 그에게 그러한 움직임들을 흉내 내어 다시 만들어내도록 한다. 같은 방식으로 우리가 소마틱 스타일(활동적 움직임과 역동적 제스처 또는 어색하고 힘 빠진 자세)이 나타난 행동을 볼 때, 우리의 거울 신경은 아마도 우리의 시각적 경험처럼 강력하고 구별되는 그러한 스타일의 자기감수적 또는 근운동감각적 감상을 가져올 수 있다.

V

오감 이상이 소마틱 스타일을 감상하는 데 기여하기 때문에 우리 몸의 모든 부위를 합한 것 이상이 소마틱 스타일을 만들어내는 데 포함된다. 우리가 몸을 덮거나 꾸미는 데 사용하는 의복, 화장 그리고 보석이 사람의 소마틱 스타일을 만들어내고 표현해준다는 것을 깨달은 이상 이 점들의 세부사항을 집요하게 다룰 이유가 없다. 그러나 우리는 그러한 패션의 물질적·신체적 장식성을 넘어서서, 몸의 부위나 외양 같은 일시적인 것을 넘어서서 소마틱 스타일의 다른 요소나 특질을 알아내야 할

⑯ 이 문제에 대한 더 자세한 사항을 보려면 다음을 참조하라. A. N. Meltzoff and M. K. Moore, "Imitation of Facial and Manual Gestures by Human Neonates", *Science, New Series*, 1977 (198), 75-78; "Imitation, Memory, and the Representation of Persons,"Infant Behavior and Development, 1994 (17), 83-99; Barbara Montero, "Proprioception as an Aesthetic Sense," *Journal of Aesthetics and Art Criticism*, 64 (2006), 230-242; and Richard Shusterman, "Body Consciousness and Performance: Somaesthetics East and West," *Journal of Aesthetics and Art Criticism* 67: 2 (2009), 133-145; "Le corps en acte et en conscience," in B. Andrieu (ed.), *Philosphie du corps: Experiences, interactions et ecologie corporelle* (Paris: Vrin, 2010), 349-372.

까? 우리는 때때로 누군가가 특별한 아우라를 가진다고 말한다. 그리고 그것이 그 사람의 외양을 특별히 카리스마 있고 매력적으로 만든다. 그리고 그것은 단지 잘생긴 외모를 의미하는 것이 아니다. 그 아우라는 평범한 육체적 속성으로서가 아니라 힘이 넘치는 성질로서, 사람의 몸에서 발산되는 것(독일어 용어 Ausstrahlung이 의미하는 것처럼)으로서 나타나지만 몸의 각 부분들로 환원될 수는 없다. 그 아우라는 몸의 각 부분들이 움직이는 방식이나 자리를 잡고 만드는 방식, 그리고 공간적·사회적 키네스피어*의 양쪽으로 상호작용하는 방식에 관련하는 기능인 것처럼 보인다. 이러한 상황적 차원은 소마틱 스타일이 개인을 넘어선 환경적 요인에도 의존한다는 것을 보여준다. 또한 눈부신 머리카락의 빛남은 빛의 상태에 달려 있다. 촉촉한 입술과 피부의 물기는 다른 환경적 요인에 달려 있다. 오만하게 명령하는 소마틱 스타일이 통솔하고 명령하게 하는 사람들이 있는 사회에 의존하고 있는 것처럼 말이다.

　　몸의 특정 부위는 다른 부위보다 스타일에서 더 중요하다. 만약 얼굴이 그 점에서 뛰어나 보인다면 얼굴의 뛰어난 시각성 때문만이 아니라 우리의 개성과 느낌, 욕망 그리고 무드를 표현하기 위해 얼굴을 많은 시각적 방식과 미묘한 방식으로 움직이는 우리의 능력 때문이기도 하다. 만약 우리의 손이나 팔과 다리가 스타일을 전달하는 데 특별히 중요해 보인다면 마찬가지로 이것은 몸통이나 골반을 명확히 설명하는 것보다 훨씬 큰 시각성, 기술 그리고 표현적 힘을 가지고 팔과 다리를 명확히 표명할 수 있다는 사실에 달려 있다. 원리에서 전혀 의미 있는 역할을 하지 않는 몸의 부위가 있을까? 예를 들면, 평상시 관찰자들에게는 보이지 않는 내부 기관처럼 말이다. 각각의 모든 경우를 논쟁하지도 않고 모든 기관 또는 몸의 부위가 소마틱 스타일에서 의의가 있

---

*　kinesphere는 사람이 가만히 있거나 움직일 때 사용하게 되는 영역입니다.

다고 확정하는 것은 독단적으로 보일지도 모른다. 다른 한편으로 그것을 잃거나 기능에 문제가 있지 않은 한 스타일적으로 별로 중요하지 않은 장기를 잃거나 그것이 제대로 기능하지 않으면 당연히 사람의 소마틱 스타일에 엄청난 영향을 줄 수 있다. 그들의 소마틱 스타일이 변화한 것을 심부전을 겪었던 사람들에게는 희귀한 일도 아니고 불합리하지도 않다. 물론 방광에 문제가 생기는 것도 신경을 더욱 자극하여 우리 몸의 행동을 변화시키며, 스타일 역시 바뀌게 한다. 이것은 호르몬 또는 혈액의 문제도 사람의 품행 스타일을 바꿀 수 있는 것과 같다.

과학자들과 철학자들은 스스로 몸의 도식이라고 부르는 것을 몸의 물질적인 부분(비록 어떻게든 그것을 통해서 나타나고 활동하기는 하지만)을 넘는 것으로 구분한다. 그러한 도식은 몸에 밴 습관, 경향적 메커니즘 또는 움직임, 느낌 그리고 태도의 성향을 포함한다. 그것들은 우리의 몸에 흡수되어 우리가 몸의 부위를 가지고 무엇을 하고 있는지를 생각할 필요없이 숙련되고 지적으로 행동하는 것을 가능하게 한다. 그들은 우리의 매일매일 활동의 큰 부분을 이끄는 것이고, 우리가 필요하고 원하는 것을 지각하고 행동하는 데 몸을 어떻게 사용하는지에 대한 명확하게 반성할 필요없이 성공적으로 그리고 즉각적으로 일어난다. 그렇게 많이 우리의 행동을 지배함으로써 이러한 몸에 박힌 도식 또는 행동과 경험의 습관적 경향은 피할 수 없이 소마틱 스타일을 만들어낸다. 사실상 만약 습관이 개인의 형성에 많은 영향을 미친다면 그러한 지각, 행동 그리고 느낌에 대한 소마적 도식은 피상적인 장식이 되게 하기보다는 사람의 개성의 중심이 되어야 한다. 논쟁의 요지는 그러한 기본적 몸의 도식이 사람의 소마틱 스타일에 속한다기보다는 소마틱 스타일이 개인에게 단순히 피상적인 장식이 아니라 개인의 개성에 핵심적 차원이라는 것이다. 이것은 소마틱 스타일을 인품의 본질적인 것으로 보는 유교적 원리로, 그리고 익숙한 의복과 그림의 은유가 보이는 것보다 덜 외부적인 소마틱 스타일의 개념을 위해 더 나아간 논쟁으로 우리를 되돌아가게 한다.

VI

형태가 내용과 대조되는 것처럼 스타일은 종종 실체와 반대되며, 그 때문에 외부적이고 본질적이지 않은 것으로 여겨진다. 그러므로 그것은 깊이 있는 것이라기보다는 표면적인 것으로, 실제가 아닌 외양으로, 진정한 영혼이라기보다는 인공적인 기술과 연관되어 생각된다. 그러나 만약 소마틱 스타일이 우리 몸의 도식들을 통해 인간의 자아를 형성하는 느낌, 지각 그리고 행동의 가장 깊은 습관으로 확장된다면 그것은 개인의 필수적인 차원, 즉 그 개인의 특정한 정신의 표현으로서 보여야 한다. 정신은 사실 스타일의 개념에 기본적인 것으로 생각된다. 만약 스타일이 사람 그 자체라면 그것은 그의 영혼을 포함해야 한다. 스타일이 마음의 소리를 표현하는 것이라고 에머슨이 말했던 것처럼 비트겐슈타인도 예술적 스타일의 창조 또는 발전은 단순한 기교 또는 기술의 발전과는 본질적으로 다르다고 주장하였다. 왜냐하면 단순한 기교 또는 기술 발전의 경우, "정신은 아무것도 행하지 않기 때문이다."[17]

또한 소마틱 스타일은 정신을 포함한다. 우리는 사람의 소마틱 스타일을 겉으로 보이는 외모와 구분하는데, 그 이유는 스타일이 단순히 시각적 측면 이상을 포함하기 때문이 아니라, 그것이 일반적인 육체적

---

[17] Wittgenstein, *Culture and Value (Vermischte Bemerkungen)*, 3.

특질 이상을 함축하기 때문이다. 스타일은 그 사람이 행동하고, 느끼고, 생각하고, 원하는 다양한 방법에 생명을 주는 의도성을 함축한다. 그것은 사람의 보이는 외모와 성격, 개성을 결정하는 것을 돕는 감각적 외모의 다른 신체적 차원을 강조하는 생명을 두는 정신이다.

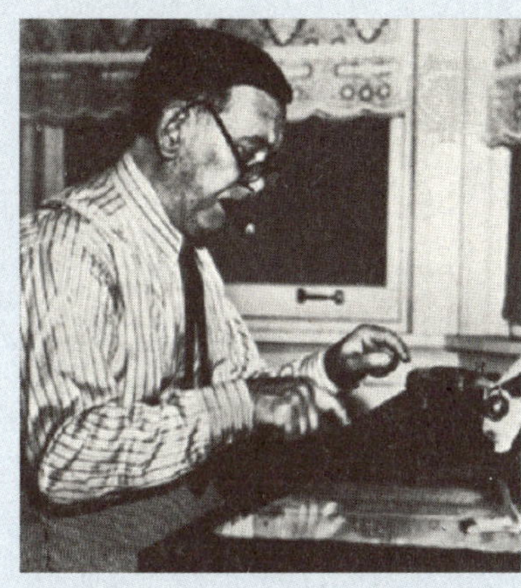

미국의 유명한 산문 스타일리스트 H. L. 멘켄은 우리가 살아가는 데 언제나 사용되고 필수적인 호흡(삶과 정신에 자주 사용되는 은유인), 피부 그리고 혈액의 신체적 용어로 이러한 스타일의 개념을 표현한다. "소리 스타일의 핵심은 그것이 법칙으로 환원될 수 없다는 것이다. (즉, 그것은 그 안에 내재된 악마적인 것과 함께 살아 숨쉬는 것이다.) 그것은 그 소유자에게 그의 피부가 자신에게 맞는 것처럼 단단히 그러나 헐겁게 맞는다. 이것은 사실상 피부가 그러한 것처럼 그에게 꽤 필수적인 한 부분이다. 이것은 그의 동맥이 단단해지는 것처럼 단단해진다."[18] 멘켄은 산문 스타일로 말하고 있기는 하지만, 여기에서 그의 요점은 소마틱 스타일에서 훨씬 더 명백한 적절함과 타당성을 지닌다. 즉, 소마틱 스타일은 내부 기관과 체액 없이 단순한 외형으로 존재할 수 있는 몸 그 자체일 뿐인 단순한 개인적인 외모에 불과할 수 없다.

만약 스타일과 자아가 매우 밀접하게 관련되었다면 스타일을 발전시키고 만들어내는 방식은 자아 발전이나 자아 창조를 통해서일 것이다. 소설가 캐서린 앤 포터가 설명한 것처럼 "스타일을 만들어내지 마세

[18] H. L. Mencken, "Literature and the Schoolm'am," *Prejudices: Fifth Series* (New York: Octagon Books, 1977), p. 197.

[19] Katherine Anne Porter, interview with Barbara Thompson, 1963, repr. in George Plimpton (ed.), *Women Writers at Work: The Paris Review Interviews* (New York: Modern Library, 1998), 53.

요. 일하고 자신을 발전시키세요. 당신의 스타일은 당신 자신의 존재로부터 발산되어 나오는 것입니다.”[19] 그러나 발산은 스타일과 자아 사이의 거리를 벌리는 은유이므로 나는 그녀의 논점을 “스타일은 사람의 존재에서 필수적인 부분이며, 따라서 사람의 스타일 변화는 어떻게 보면 자기 자신을 변화시키는 것을 의미한다.”고 주장하는 것으로 재구성하고 싶다.

　　우리는 여기서 자기변용(self-transformation)의 논리적 문제에 대해 걱정해서는 안 된다. 자기변용이란 “어떻게 사람이 분명히 변했는데도 불구하고 같은 사람일 수 있는가?”라는 문제인데 그러한 형식적인 신원보증, 개별화 그리고 신원재확인의 문제는 이미 다양한 해결책이 나와 있다.[20] 물론 우리는 사람이 그들의 정체성을 완전히 잃지 않고서도 같은 사람으로 변화하거나 발전할 수 있다는 것을 알고 있다. 스타일에 엄청난 변화가 있을 때, 우리는 그 사람에게 중대한 변화가 있었다고 느끼더라도 그 사람이 같은 사람이라는 것을 논리적으로 정당화할 수 있는 지속하는 행동, 외양 그리고 인식을 항상 지적해낼 수 있다.

　　더 흥미 있고 유용한 문제는 어떻게 자신의 스타일을 만들고 발전시키도록 할지에 대한 실천적인 문제다. 여기서 적절하게 다루기에는 문제가 너무 복잡하지만, 이러한 자아에 대한 연구에 속해야 할 사항은 우리의 힘, 약함 그리고 경향을 검토하는 것을 포함한 자기인식의 노력이 될 것이 분명하다. 또한 그것은 자기성찰에서 흥미로운 예증, 이론 그리고 방법에 대한 비평적 연구도 포함한다. 그러한 연구는 우리가 원하는 스타일로 변화하도록 도울 수 있다. 이 논문에서 아직 다루지 못한 부분이 있는데, 그것은 어떻게 소마틱 스타일이 변용하는 것이 두 가지 보충적 방향을 통해 추구될 수 있는지다. 그 두 가지 방향은 단순

[20]　더 세부적인 논의를 보려면 나의 *Pragmatist Aesthetics: Living Beauty, Rethinking Art* (Oxford: Blackwell, 1992), 93 - 94와 *Practicing Philosophy: Pragmatism and the Philosophical Life* (New York: Routledge, 1997), 37-42를 보라.

한 내적 영혼 또는 본질 그리고 외적 형태 또는 매너라는 단순한 구분을 넘어선 소마틱 스타일이라는 또 다른 방식으로 그 둘의 협동적인 상호작용이 드러난다.

그렇게 하기 위하여 나는 소로의 『월든』에서의 한 구절을 인용할 것이다. 거기서 그는 다른 곳에서 정의한 것처럼 스타일을 성격에서 단순히 쓰는 외적인 도구보다는 훨씬 더 중요하고 필수적인 것으로 생각하는 듯이 보인다. 그는 다음과 같이 주장한다. "모든 사람은 사원을 짓는 이다. 그는 자신의 몸에 그가 섬기는 신을 부른다. 하나의 스타일이 완전히 그의 것이 되면 비록 그가 대신 대리석을 두드린다고 해도 빠져나올 수 없다. 우리는 모두 조각가이고 화가다. 그리고 우리의 재료는 우리 자신의 살이고 피이고 뼈다. 어떠한 고결함도 처음에는 그 고결함을 야만스럽게 하는 그 사람의 형상, 야만스러움 또는 색정을 단련하는 것에서 시작한다."[21] 이 논쟁은 두 가지 신체적 발전 방향, 즉 셀프 스타일라이제이션과 셀프 크리에이션의 발전 방향을 함께 다루고 있는 것처럼 생각된다. 첫 번째는 화가 또는 조각가가 자신의 특징적인 개성을 작품에 매력적인 미적 형태를 표현하기 위해 자신의 외양을 가꾸는 것이다. 이것은 표상적인 신체미학, 그리고 외적인 몸의 형태와 이미지에 초점을 맞춘 화장이나 보디빌딩처럼 실천을 나타내는 듯이 보이기는 한다. 하지만 우리는 소로의 다음과 같은 주장을 기억해야 할 것이다. 소로는 이 외양 가꾸기가 몸 그 자체를 섬기기 위한 것이 아니라 자신이 섬기는 신을 모시는 사원으로 변용시키기 위해 자신의 가장 깊은 가치를 표현하는 것이라고 하였다. 다른 말로, 외면의 소마틱 스타일라이제이션은 정신적인 결과를 위한 수단이며, 사실상 정신을 순화시키거나 강화하는 고행의 작업이며, 망치질이 분명히 보여주는 이미지처럼

---

[21] Henry David Thoreau, "Of Higher Laws," in *Walden*, in Brooks Atkinson (ed.), *Walden and Other Writings* (New York: Modern Library, 2000), 209.

몸을 처벌하는 것이 될 수 있는 고행이기도 하다.

'하나님의 성전'으로 변용하는 몸의 고통스러운 어려움은 사도 바울로 거슬러 올라가는 크리스천적 금욕주의와 금욕생활의 본질적 차원이다. 이 차원은 그리스도 자신에게까지 거슬러 올라간다. 그의 신체의 부활과 그의 몸이 겪은 유혹과 고난은 전 세계를 정신적으로 구원하였다. 그러나 정신적 결과를 위한 신체적 고행에 대한 생각은 이미 그리스의 철학적 전통에도 있었다. 특히, 플라톤의 『파이돈』과 플로티누스에서 찾아질 수 있는 이상주의의 선상에서 볼 수 있는데, 그럼에도 그것의 악명 높은 몸에 대한 혐오는 순수한 덕을 향한 자아의 스타일을 나타내는 데 있어서 조각적 이미지의 아름다움과 결합하였다. 플로티누스는 다음과 같이 열렬히 권고하였다. 조각가는 "아름다운 얼굴이 나타날 때까지 한 부분을 떨어내고 다른 부분을 파내고, 한 부분을 부드럽게 만들고 다른 부분을 깨끗하게 하는 것"처럼 "같은 식으로 당신은 피상적인 것을 제거하고, 부정한 것을 고치고, 어두운 것을 그것이 환해질 때까지 정화한다. 덕의 신성한 영광이 당신에게 비출 때까지 자신이라는 조각을 다듬는 것을 절대 멈추지 마라"(Ennead I, 6: 9: 8-15).

정련된 단순미로 조각하는 것을 강조하는 데 있어서 플로티누스는 "단순화하라, 단순화하라."는 소로의 열렬한 권고와 명백하게 공명하고 있다.[29] 그러나 이 특별한 이상주의적 문맥에서 소로가 신체를 "스스로 조각하라!"고 권유한 것은 크리스천적이지도 않고 그리스 철학적이지도 않으며 그보다는 동양철학적이다. 게다가 그는 정신을 높이기 위하여 몸을 경멸하고 징벌할 것으로 보거나, 몸을 아름답게 하는 것에 정신이 관여하는 상호작용이 없는 것으로 보는 일방적 이상주의를 고

---

[29] Henry David Thoreau, "Where I Lived and What I lived For," *Walden*, 87.

집하는 것처럼 보이지도 않는다. 앞의 몸-사원 조각하기에서 나타난 것처럼 소로는 "힌두의 법 제정자"가 가장 기본적인 몸의 기능조차 "공경하여" 다룬 것을 찬미한다. "(힌두의 법 제정자)는 보잘것없는 것을 높이며 우리에게 어떻게 먹고, 마시고, 더불어 살고, 대소변을 배설할 것 등을 가르친다. 그리고 이러한 것들을 하찮은 것으로 여기는 것을 그릇된 것이라 하였다." 바꾸어 말하면, 우리는 스타일을 통하여 몸을 가꾸는 것을 통해 단순하고 낮은 것으로부터 그것을 높힐 수 있다. 만약 스타일이 올바른 정신을 지녔다면, 즉 적절한 존중과 "법에 의해서 규정된"[23] 방식으로 행해졌다면 말이다.

정신이 사람의 신체적 스타일을 순화한다는 생각은 자기 조각하기의 원리에 대한 소로의 강조에 의해 스스로의 스타일을 변화시키기 위한 두 번째 방향을 나타낸다. 몸의 외양에 힘쓰는 것이 덕의 아름다움을 이끌 수 있는 것처럼 사람의 내면의 정신적 덕에 힘쓰는 것은 몸을 더욱 아름답게 할 수 있다. "어떠한 고결함도 처음에는 그 고결함을 야만스럽게 하는 그 사람의 형상, 야만스러움 또는 색정을 단련하는 것에서 시작한다." 우리는 또한 G. E. 무어의 순수한 열정과 성실함이 그에게 성스러운 아름다운 모습을 주었던 것처럼 사람의 음탕한 생각이 어떻게 그러한 아름다움을 망치는 곁눈질이 생겨나게 할 수 있는지를 상상할 수 있다.

만약 사람의 윤리적인 태도, 감상 그리고 질적 측면이 우리의 육체적인 형태를 다듬어낸다면 이것은 불가사의한 연결관계나 존재의 두 가지 구분된 순서 사이의 상호관계, 즉 하나는 내적이고 정신적이지만 다른 하나는 물질적이고 외적인 것으로 생각해서는 안 된다. 우리의 윤리적인 감각과 경향은 우리의 소마틱 스타일이 이미 항상 사회적인 세

---

[23] Thoreau, *Walden*, 208-209.

계의 정신과 윤리적인 개념에 의해 다듬어진 것처럼 이미 항상 소마적이다. 살아 있는, 느끼는, 지적인, 사람 몸으로서의 소마는 본질적으로 성격이면서 물리적 미립자다. 소마틱 스타일의 외면을 가꾸는 것은 내적 미덕과 태도를 가꾸는 수단이 될 수 있다. (명상적인 실천을 통해서) 내면을 가꾸는 것이 어떻게 보이는지를 향상시킬 수 있는 것과 마찬가지로 말이다. 보디빌딩 옹호자들이 몸 만들기의 실천과 성격이 (규칙적인 생활과 자신감을 주입함으로써) 윤리적인 가치를 지닌다고 주장하는 것처럼 요가에 대한 고대의 문헌은 집중을 통한 명상의 내적 활동이 그것을 행하는 자의 모습을 훨씬 더 건강하고 매력적으로 만들 뿐 아니라 훨씬 더 매혹적인 향기를 가져옴으로써 외적으로도 현저한 이로움을 가져온다고 주장한다. 소마틱 스타일은 지각할 수 있는 관점을 유지하면서도 자아와 성격의 깊이 있는 모든 부분을 다룬다. 소마틱 스타일은 진부한 취미의 문제로 치부하기 어려운 깊이를 가지고 있으며, 그것이 가져오는 교화와 분석은 무시해버리기에는 너무나 중심적으로 존재한다.

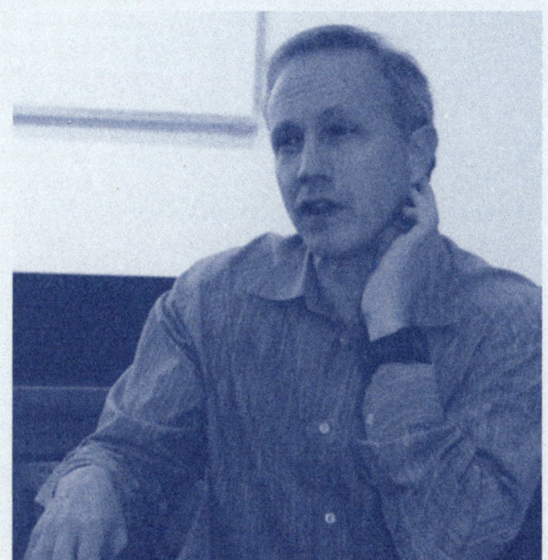

리처드 슈스터만(Richard Shusterman)

현재 가장 활발하게 활동하고 있는 프라그마티스트인
리처드 슈스터만은 옥스퍼드 대학에서 철학박사 학위를
받았다. 1998~2004년까지 미국의 템플 대학교 철학과
교수로 재직하였으며, 현재 플로리다 애틀랜틱 대학의
철학과 교수이자 인문학 고문으로 재직 중이다. 독자적으로
신체미학(Somaesthetics)이라는 학문적 기반을 마련하여
프라그마티즘의 미학, 대중문화론, HCI(인간 컴퓨터 상호작용)
연구 등 다양한 분야에서 신체(soma)를 중심으로 하는 학제
간의 융합적 연구를 도모하고 있다. 국내에 번역된 저서로는
『프라그마티즘의 미학』『몸의 의식』『삶의 미학』이 있으며,
그중 『프라그마티즘의 미학』은 현재까지 15개 국어로 번역,
출판되었다. 2012년 5월에는 『프라그마티즘의 미학』 출간의
20주년을 기념하는 국제학회와 아트 전시회가 파리의 소르본
대학의 주관으로 개최되었다.

예술과 스타일
Art and Style

이혜진
(도쿄대학교 미학예술학과 박사과정)

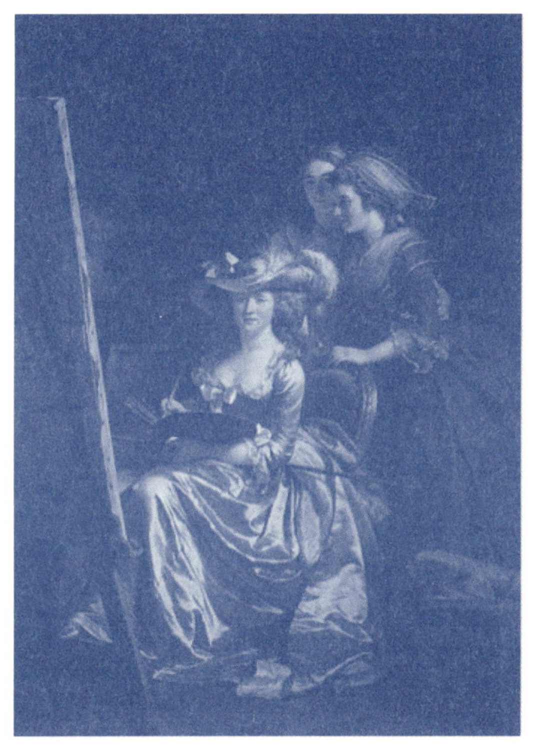

아델레이드 라빌 기아드, 「두 제자와 함께한 자화상」
아델레이드(Adélaïde Labille-Guiard, 1749-1803)는
프랑스의 여성 초상 화가다. 여성으로서는 거의 최초로 프랑스
아카데미의 회원이 된 아델레이드의 자화상에서 우리는 당시
프랑스 여성의 패션 스타일과 독립적이고 카리스마 넘치는
그녀만의 스타일을 엿볼 수 있다.

이 장의 테마: 스타일의 유래와 예술에서의 스타일

예술과 스타일은 역사적으로 매우 밀접한 관련을 지녀왔다. 스타일은 첨필(스틸루스: stylus)이라는 어원을 지니는데, 그것에서 파생적으로 문학에서 문체로서의 의미를 지니기도 하였다. 한편 아카데미 보자르 등의 제도적 예술이 발아한 서양에서 양식론❶은 특히 18세기 유럽 사회에서 중심적인 테마였는데, 거기에서 스타일은 예술을 이해하는 데 적극적으로 사용되었다. 흥미로운 것은 스타일이 단지 예술과 관련된 의미뿐만 아니라 예술 외적으로도 쓰일 수 있다는 점이다. 예를 들면, 어떤 사람의 스타일이나 생활 양식처럼 예술 외적인 대상이 지니는 특별한 미적 특징을 가리킬 때에도 스타일이라는 말이 쓰인다. 그 때문에 스타일은 적어도 문체로서의 스타일, 예술 양식으로서의 스타일, 생활 양식으로서의 스타일의 키아슴(=교차)에서 생성된 것이라고 할 수 있을 것이다. 그런데 이러한 세 가지 스타일의 유래는 역사적으로 명확히 분리되어 나눠지는 것이 아니라 스타일이라는 용어의 진화에 따라 서로의 의미를 흡수하고 재생산하는 과정을 거쳐 변화해 왔다.

이러한 스타일의 정의 문제와 더불어 스타일이 가지는 질적 측면도 탐구되어야 할 측면일 것이다. 문체로서의 스타일과 예술 양식으로서의 스타일은 그것의 반대 축을 이루는 개념으로서 마니에르를 지님으로써 스타일의 특별한 미적 성질을 강조하는 반면, 일상생활의 스타일은 누구나 지닐 수 있는 일상성 평범함마저 포함하고 있기 때문에 평범한 미적 성질마저 스타일의 일부로 포함하고 있다는 점이다. 여기서는 예술과 스타일에서 이러한 종전의 스타일론들을 슈스터만이 어떻게 재해석하고 있으며, 이러한 종래의 스타일론과 슈스터만의 신체(=소마)를 중심으로 한 소마틱 스타일론의 다른 점은 무엇인지를 명확히 하는 것을 목표로 할 것이다.

❶ 예술의 문맥에서 style은 '양식(樣式)'으로 번역되기도 한다. 사사키 겡이치, 『미학사전』, 도쿄대학교출판부, 1995 참조. 이 책의 한국어판은 사사키 겡이치 지음, 민주식 옮김, 『미학사전』(동문선, 2002).

1　용어의 유래로 분석하는 스타일과 예술

먼저 종래의 스타일론을 슈스터만 박사님은 '소마틱 스타일'을 통해 어떻게 재해석하는가를 확실히 해두고 싶습니다. 이 장의 테마에서 언급한 것처럼 스타일은 적어도 그 용어의 유래를 문체로서의 스타일, 예술 양식으로서의 스타일 그리고 생활 양식으로서의 스타일의 세 가지로 나눌 수 있을 것입니다.

　　문체로서의 스타일: 첫째로, 스타일의 어원은 라틴어 스틸루스(Stylus), 즉 납 판에 새겨 쓰는 철 펜입니다. 그 때문에 스타일이라는 말은 처음에는 문체를 의미하였고, 더 넓은 개념으로 본다면 레토릭, 즉 수사법의 표현을 의미하였습니다. 가장 오래된 스타일 개념은 수사학에서의 문체 구분인데, 이것은 문학에서의 장르 스타일과 같은 것이었습니다.

　　예술 양식으로서의 스타일: 그러나 그 이후 18세기 중반에 확립한, 문체를 넘어선 두 번째 스타일 개념이 있습니다. 이것은 점점 더 중요해져서 19세기에는 고유한 학문적 주제가 됩니다. 뷔퐁은 "스타일은 그 사람 자체다(Le style c'est l'homme même)."라고 하였는데, 이것은 "글은 그 사람이다"라고 번역되어 인용되는 글귀입니다. 이것은 단지 글에서 개성적 문체가 드러나는 것을 넘어서서 그 사람의 내면이 드러난다는 의미로 해석될 수 있습니다. 그런데 그 사람의 내면에는 그 시대와 그 사람이 속해 있는 집단이 따르는 믿음이 작용할 수밖에 없으므로 예술 양식으로서의 스타일은 인간의 제작 활동이 그 소산과 현상에서 가리키는 직관적인 특징상 그 개인의 것일 뿐만 아니라 어떤 그룹의 것 또는 유형적인 것으로 여겨집니다.

　생활 양식으로서의 스타일: 마지막으로, 20세기 들어 일상과 예술의 횡단이 이뤄지면서 부각된 생활 양식으로서의 스타일이 있습니다. 일상의 스타일은 20세기 이후 점점 더 그 중요성을 확립해왔습니다. 현재 대중 예술이 주목받고 사회적으로 높은 지위를 가지게 된 것은 일상에서의 스타일 개념이 강해졌기 때문이라고도 할 수 있을 것입니다. 일상의 스타일은 두 번째의 근대적 스타일 개념보다도 넓은 의미를 지니는데, 언어, 행동, 태도가 모두 스타일의 양태가 되며, 더 나아가 사회통념의 선택과 새로운 결합, 사회 규범 등의 의도적인 확인과 인용, 의식적인 규범 위반의 양태까지 이 스타일 개념으로 설명할 수 있다고 할 수 있습니다. 그렇다면 종래의 스타일은 문체, 예술 형식 그리고 일상생활

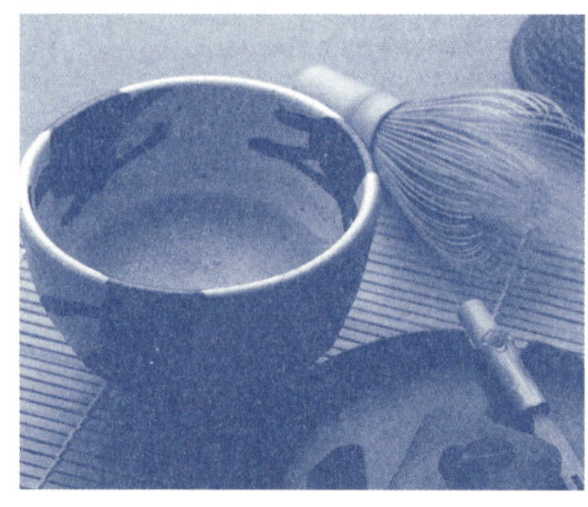

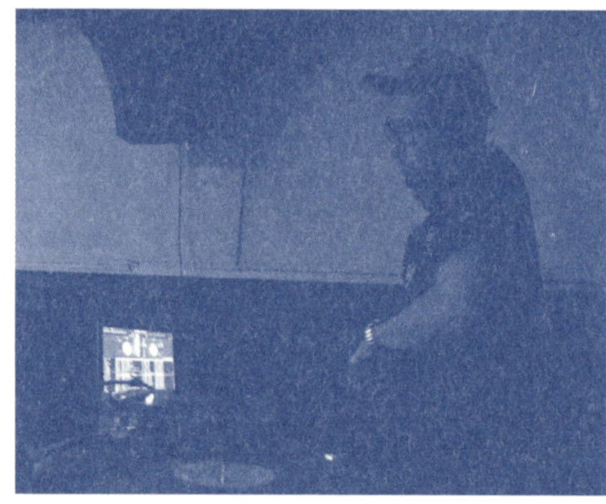

의 스타일이라는 적어도 세 가지 의미가 있다고 할 수 있을 것입니다.

　슈스터만의 소마틱 스타일: '소마틱 스타일'이란 용어는 박사님의 연구인 '신체미학=솜에스테틱스'에서 중심 테마가 되고 있는 '소마

(soma)'를 '스타일(style)'에 더하여 슈스터만 박사님이 합성해낸 용어라고 생각되는데요. '소마'가 신체 혹은 물체(그러나 이 신체 또는 물체는 단지 영혼이 없는 물질체가 아닌 평온한 빛처럼 어떤 성질을 지닌 것이다)라고 번역되는 그리스어의 σῶμα를 어원으로 지니는 만큼,[2] 넓은 범위로 보면 어떤 질적 측면을 지닌 덩어리가 가진 스타일을 포함하는 것처럼 생각되기도 합니다. 그러나 일단은 박사님의 신체미학이 인간의 신체에 관련된 감성학(study of sensory perception)에 초점을 맞추고 있으므로 그러한 방향에서 질문하고 싶습니다.

　　슈스터만 박사님은 몸과 정신의 통합체로서의 신체(=소마)를 통해 나타나는 감성학적 측면에서 스타일에 주목하고 있으므로 앞에서의 첫 번째 유래인 문체로서의 스타일이나 예술 양식으로서의 스타일보다는 일상의 행동 양식으로서의 스타일에 주목하고 있는 것처럼 보입니다.[3] 만약에 세 가지 스타일 개념 중 마지막으로 등장한 일상생활 양식으로서의 스타일이 박사님의 스타일 개념과 가장 비슷한 것이라면 그것과 종래 일상생활의 스타일론이 어떻게 다른지를 명확히 할 필요가 있을 것입니다. 왜냐하면 이러한 일상생활의 스타일은 다른 철학자들에 의해서도 다루어졌기 때문입니다. 예를 들면, 굼브레히트(1984)[4]는 일상에서 스타일화는 점차 일상의 스타일화를 늘린다고 하였고, 로젠버그는 사회 전체가 각자의 '생활 스타일'을 갖춘 자율적인 공간으로 해체되어 간다고 보아, 닫힌 '양식 형성'으로 생활 양식의 다원성이 쓰일 수 있다고 주장하였습니다.[5]

스타일의 역사적인 개념이 더 중요하다는 당신의 주장은 계몽적이며, 소마틱 스타일에서의 나의 논의가 일상생활의 스타일에 아마도 가장

---

[2]　Plato, *Timaeus*, 45 B 참조.

[3]　Richard Shusterman, "Somatic Style", *The Journal of Aesthetics and Art Criticism*, 2011.

[4]　H. U. Gumbrecht, K. L. Pfeiffer, *Stil und Gesellschaft*, Dresden 1984.

[5]　W. 헹크만, K. 롯터(편), 고토우 겐시 외(감역), 『미학의 키워드』, 게이쇼우 쇼우보, 2001. 이 책의 한국어판은 김진수 역, 『미학사전』(예경, 1998).

가깝다고 한 당신의 주장은 옳습니다. 그러나 거기에서는 다음의 두 가지가 강조되어야 할 것입니다. 첫째로, 소마틱 스타일에 대한 나의 주장은 당신이 언급한 나머지 두 가지 스타일 개념을 포함한 가장 일반적인 스타일 개념에 자리 잡고 있다는 것입니다. 나는 세 가지 개념의 스타일이 모두 소마틱 스타일과 함께 나의 논의의 디테일에서 관련하고 있다고 생각합니다. 그렇지 않으면 나는 내 논문 「소마틱 스타일」에서 다섯 가지의 모호성을 논의하지 않았을 것입니다. 게다가 나는 세 가지 모두 스타일과 성격 사이의 연결을 보인다고 생각합니다. 그렇기 때문에 스타일은 단순한 외적 형태인 것만은 아닙니다. 게다가 세 가지 개념 모두 적어도 그것이 경칭적 감각(honorific sense)에 적용되었을 때는 스타일과 정신의 관계를 보일 수 있다고 생각합니다.

내가 강조하고 싶은 두 번째는 나의 스타일 개념과 나의 특별한 소마틱 스타일의 개념은 일상생활에 제한되지 않는다는 점입니다. 바꾸어 말하면, 실제 삶의 사건에서조차 우리는 일상의 평범한 경험을 넘어서는 삶을 특별하게 만드는 방식으로 자신을 스타일라이징할 수 있습니다. 특별한 경우를 위하여 자신을 스타일라이징하는 것에 있어서 말입니다. 예를 들어, 결혼이나 퇴직 그리고 자살에서도 말입니다.

2 예술에서의 마니에르와 스타일

여기서는 18세기 스타일의 대립 개념으로 쓰였던 마니에르가 소마틱 스타일을 통해서는 어떤 위치를 차지하는가를 확실히 하고 싶습니다. 더 나아가, 소마틱 스타일은 마니에르와 스타일을 아우르는 개념이 아니나는 의문을 풀고 싶다고 생각합니다.

　앞에서 언급한 것처럼 소마는 신체, 즉 몸을 연상시키는 어원[6]을 지닙니다. 몸은 문화적으로 스타일이 한창 중요하게 논의되던 18세기에는 정신에 비해 열등한 것으로 폄하되었기 때문에 소마틱 스타일은 자칫 스타일에 비해 표상적이고 열등한 것으로 여겨지던 마니에르와 비슷한 것으로 인식될 수 있을 것이라는 우려가 있습니다. 괴테는 '스타일'을 '자연 모방'과 '마니에르[Manier(독), manner(영)]'와는 달리 특별한 의미를 갖는 것으로 구별하였습니다. 셸링 또한 같은 식으로 마니에르에 대한 스타일의 우위를 확실히 하였습니다. 그 때문에 셸링은 스타일이 보편을 특별 안에 구체화하는 것이라 하여 특별을 보편에 합치시키는 마니에르를 구별하고 있습니다.

　마찬가지로 피히너와 핏셔는 가치 개념으로서의 스타일은 협소한 의미로는 '좋은 스타일'을 의미하며, 작품이 예술적 가치에서 뛰어나 상당한 품격을 가지는 경우에 적용된다고 생각하였습니다. 이런 종류의

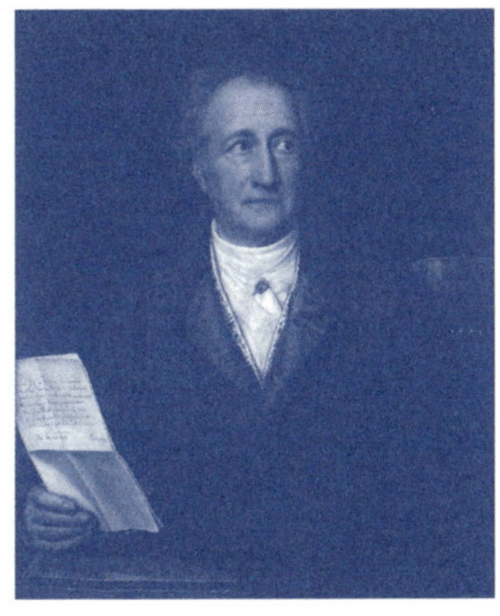

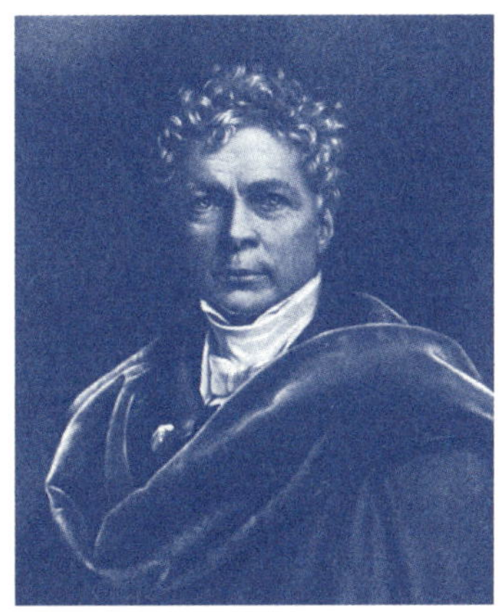

[6]　플라톤의 『티마이오스』에서는 '소마=신체(σῶμα)'가 머리에 봉사하는 것으로서 신의 배려에 의하여 주어진 것(44e)이라고 쓰여 있다. 여기서 머리란 단지 봄의 일부로서의 머리가 아니라 인간의 활동을 관장하는 어떤 지적 능력을 갖춘 것을 칭한다. 그렇다면 신체는 머리의 명령에 따라 주어진 일을 수행한다고 볼 수도 있을 것이다.

스타일 개념은 예술 표현 또는 형성의 이상적 유형(전형)이라는 의미로 사용되는데요.

긍정적 의미를 지니는 스타일에 비해 마니에르는 본래 각각의 예술가 고유의 창작 방법을 특히 기교의 면에 나타난 개성적 특징에서 파악하는 것으로 '수법'이라고 번역되기도 하지만, 나쁜 의미로는 예술가가 쉽게 자기의 성벽이나 유기에 익숙하여 관성적으로 일정한 수법을 반복하는 데서 생기는 진성의 창조성을 잃은 표현을 말하기도 합니다.❼ 그런 문맥에서 스타일이 이상적 유형의 내면성을 담고 있는 것에 비하여, 마니에르는 습관이나 성벽을 나타낸다고 할 수 있습니다.

슈스터만 박사님은 소마틱 스타일을 개인 또는 단체의 몸에 깃든 "깊은 습관과 감각(the deepest habit and feeling)"(SS 156)을 통해 나타난다고 하셨는데, 만약에 앞서서의 분류를 따른다면 이러한 스타일은 일종의 습관적 행동 양식이기 때문에 이상적인 유형의 의미로서의 스타일이라기보다는 단지 정착된 습관으로서의 마니에르로도 볼 수 있을 것 같습니다. 그런데 또한 박사님은 소마틱 스타일이 단순히 "외적이고, 본질적이지 않은(external and inessential) 것을 넘어서는 것"(SS 156)이라고 하셨는데, 그렇다면 그것은 내면적이고 본질적인 것이기 때문에 이상적 유형의 의미에 있어서의 스타일로 볼 수도 있는 것처럼 보입니다. 그렇다면 박사님의 소마틱 스타일은 내면화를 지닌 스타일과 습관적 행동 양식인 마니에르를 아우르는 개념으로서 이해할 수 있을까요?

아주 좋은 지적이네요. 그리고 당신이 괴테와 셸링에서 생각해낸 구분은 매우 유용하고 적절하다고 생각합니다. 스타일에 대한 논의에서 그

---

❼ 이러한 마니에르에 의하여 지배되는 상태 또는 경향이 이른바 마니에리즘이다. 이 상태는 각각의 예술가뿐만 아니라 일정한 유파나 시대의 예술 전체에도 나타나는데, 특히 한 시대에서 지배적 스타일이 이 말기의 단계에서 본래의 내면적 생명력을 잃고, 게다가 아직 이것과 바뀌어야 할 신 양식의 등장을 보지 못할 때 예술은 마니에리즘에 빠지기 쉽다. 이 때문에 외면적 기공성에는 고도의 단련을 나타내 이른바 대가[Virtuosentum(독), virtuoso(영)]와 결부되는 것이 많은 것도 마니에리즘의 특징이다. 더 자세한 논의는 다케우치 토시오(편), 『미학사전』, 고우분도우, 1961. 218-220 참조. 이 책의 한국어판은 안영길 역, 『미학예술학 사전』(미진사, 2003).

들은 좋은 스타일 또는 경칭적 감각에서의 스타일에만 초점을 맞추고 있습니다. 내가 생각하는 스타일은 좋지 않은 스타일에 대한 이해마저 포함합니다. 용어에서 나는 스타일과 테크닉(technique) 또는 스타일과 방법(method)을 구분합니다. 테크닉과 방법은 한 사람이 그 방식이나 테크닉을 사용하는 데 있어서 개인의 표현, 즉 특별한 방식 없이 룰을 따르는 것에 더 관련합니다.

　시인은 아마도 운이 맞추어진 시구의 방식 또는 두운법의 테크닉을 사용할 것입니다. 화가는 아마도 형태를 만들어내는 데 망선 모양으로 음영을 넣는 테크닉을 사용할 것입니다. 그러나 그들이 사용하는 특별한 테크닉이나 방식은 아마도 그들의 스타일이 될 것입니다. 일반적인 스타일은 이런 식으로 다릅니다. 왜냐하면 그것은 그다지 개인적이지 않고, 독자적인 특징이 아니기 때문입니다. 그러나 나는 우리가 여전히 장르 스타일을 방식이나 테크닉에서 구별해낼 수 있다고 생각합니다. 왜냐하면 그것은 공식이나 단계의 묶음으로 환원될 수는 없기 때문입니다. 또한 그것이 좋다, 나쁘다는 평가에서 스타일은 기계적인 습관적 감상으로 취하되어버릴 수는 없습니다. 물론 스타일은 습관을 사용하고 포함합니다. 그러나 스타일과 습관에서는 두 가지가 기억되어야 할 것입니다. 첫째로, 좋은 스타일은 습관을 기계적으로 사용하기보다는 습관을 특별한 상황이나 영감을 주는 충동에 창의적으로 해석하고 개척하는 데 사용된다는 것입니다. 둘째로, 몇몇 습관은 본질적으로 창의적이라는 것입니다. 창의적인 스타일을 지닌 이는 습관의 맹목적이고 기계적인 감상을 넘어섬으로써 자신의 습관을 창의적으로 사용하는 경향이나 습관이 있을 것입니다.

3 스타일, 예술 감상과 자기감수성 그리고 근운동감각적 지각

여기서는 스타일에 관련하는 자기감수성과 근운동감각적 지각이 어떻게 작품의 감상에 관련하는가를 명확히 하고 싶습니다. 박사님이 스타일과 관련하여 언급한 자기감수성과 근운동감각적 지각은 예술 감상에 적용할 경우 종래의 오감에 기반을 두거나 반대하는 작품 감상론과는 다른 차원을 제시한다는 점에서 흥미롭습니다. 박사님은 「소마틱 스타일」에서 "자기감수성(Proprioception)은 내부의 감각과 그 결과 나오는 사람의 몸과 몸 부분의 자리, 자세, 무게, 위치, 균형 그리고 내적 압박에 대한 인식에 관련한다."고 정의하셨고, "근운동감각적 지각(kinaesthetic perception)은 그러한 내적인 지각된 느낌에 더 특정하게 관련하고 그 결과 나오는 움직임을 통한 자세적, 위치적, 압박적 그리고 평형적 변화 인식에 관련한다."고 정의하셨습니다. 그리고 다른 사람의 스타일, 더 나아가 댄스나 스포츠를 보면서 즐기는 데 있어서 이러한 자기감수성과 근운동감각적 지각이 관련한다고 말씀하셨습니다(SS 155). 그것의 근거는 "그것들을 볼 때, 우리는 단지 시각적 자극을 얻을 뿐만 아니라 모터 뉴런을 통해 자기감수성과 근운동감각적 지각에 같은 움직임을 연상시키기 때문"이라고 하였습니다.

그럴 경우 박사님의 입장은 어떤 움직임이나 불변의 감각적 질과 관련하고 있으며, 그 질이 우리의 움직임을 결정한다고 보는 실재론의 입장이라기보다는 자기감수성과 근운동감각적 지각은 지각의 느낌을 관찰하여 자신의 움직임에 적용한다는 행동학적인 문맥에서 해석할

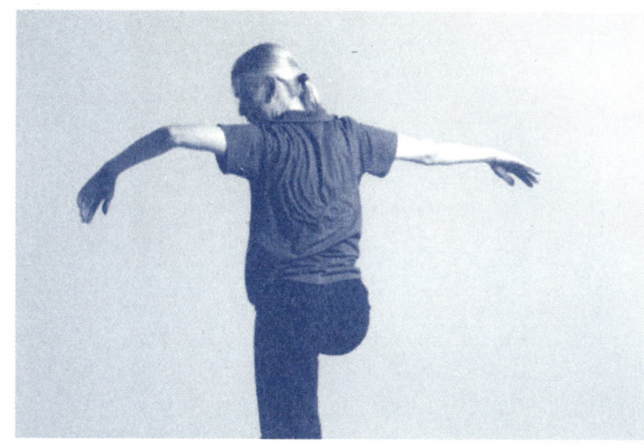

수 있는 것으로 보입니다.

그렇다면 댄스 등의 몸의 움직임을 사용하는 예술 장르는 그 장르의 행동학적인 양태를 더 관찰하기 쉽기 때문에 자기감수성과 근운동감각적이 더 적극적으로 작용하며, 회화나 음악 등 주로 하나의 감각(회화라면 시각, 음악이라면 청각)을 사용하는 예술 장르는 그보다는 덜 작용하는 것으로 보입니다. 예술의 각 장르를 감상하는 데 있어서 자기감수성과 근운동감각적 지각은 어떻게 다르게 작용하나요? 또한 예술의 다양한 장르 양식에 자기감수성과 근운동감각적 지각이 관여하는 소마틱 스타일은 어떻게 나타나나요?

맞아요. 오늘날의 예술 영역에서는 장르의 정의나 구분이 매우 어렵습니다. 자, 시각예술, 음악 그리고 문학에서 몇몇 예를 들어볼까요? 시각예술에서, 댄스나 연극의 경우와 비슷하게 몸을 사용하는 많은 행위예술이 있습니다. 사람의 몸을 정확하게 그려내는 전통적인 회화나 조

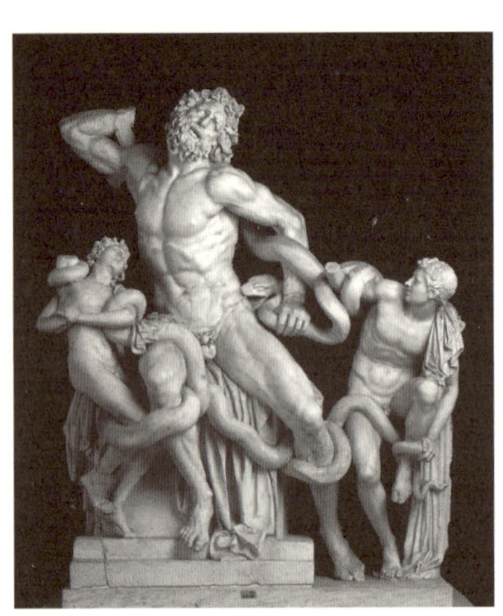

「라오콘 군상」 바티칸 미술관 소장. 고대 그리스 헬레니즘 시대의 조각.

각에서, 우리는 종종 그들의 의미와 힘을 우리 몸의 동일화적 반응을 통하여 그 작품들을 이해합니다. 십자가에 달린 예수 그림 또는 유명한 라오콘 상에 대한 우리의 감상은 그러한 형태들이 그려내는 신체적 고통이나 몸부림에 대한 우리의 지각에 기반을 둡니다.

또한 그러한 지각은 감정이입적 상상을 포함합니다(비록 그것이 단지 내재적이고 아무런 상상적 노력이 없이 얻어지는 것이기는 하지만). 그리고 그러한 상상적 지각은 자기감수적이고 공감각적인 측면(또는 기억)을 포함합니다. 게다가, 몸에 대한 재현이 없는 시각예술(말하자면, 설치 작품이나 조각)에서도 때로는 작품의 크기가 우리에게 몸적 반응을 일으키기 위하여 디자인됩니다. 규모가 큰 기념적 작품은 감상자가 자신을 작게 느끼도록 하며, 우리 인간이 스스로 생각하는 것만큼 대단치 않다는 것을 느끼도록 합니다. 어떤 설치 작품은 그 반대의 효과를 노립니다. 예를 들어, 타티아나 트루베의 「간척지들」은 작

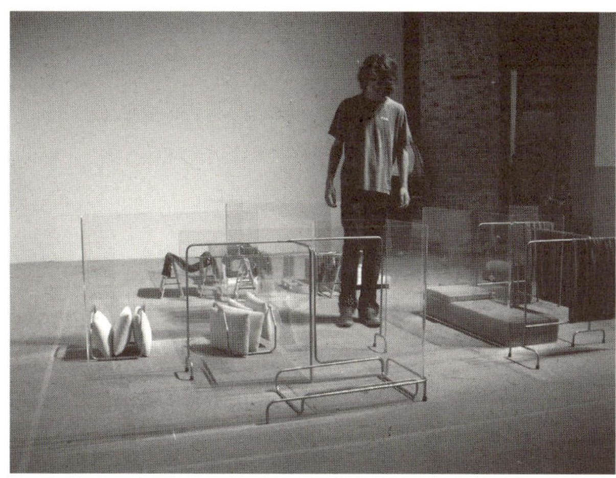

타티아나 트루베, 「간척지들」(2003) 프랑스 설치예술가 타티아나 트루베의 작품. 작가의 일상생활을 작은 모형으로 제작하여 설치한 이 작품은 당시 일상생활에 대한 새로운 관점을 제공하여 크게 주목받았다.

은 가구나 다른 종류의(우리의 몸과 인형의 몸 척도를 넘어서는) 장치를 써서 우리의 몸을 매우 크게 느껴지게 합니다. 그것은 크기와 상황에 대해 우리의 몸과 감각이 알아채도록 합니다.

　우리가 음악을 귀로만 듣는 것이 아니라 몸 전체로 듣는다는 것은 확실합니다. 우리는 몸에서 리듬과 움직임을 느낍니다. 그 때문에 우리는 본능적으로 몸을 움직이거나 박수를 치고 박자에 맞추어 발을 구릅니다. 우리는 의식하지 않고 이렇게 합니다. 왜냐하면 음악을 공감각적으로 지각하기 때문입니다. 이러한 움직임을 억제하기는 어렵습니다. 때로 음악가들은 자신의 몸이 음악에 반응하여 움직이는 것을 음악을 이해하고 더 확실하게 느끼는 데 사용합니다. 비트겐슈타인은 그것에 대하여 언급하였습니다. 그는 음악을 더 잘 상상하는 데 있어서 입에서의 움직임이 포함된다고 하였습니다. 음악에 해당하는 것은 시에서도 역시 해당합니다. 여기서 우리는 다시 리듬의 경우를 생각해볼 필요가 있습니다. 그러나 우리는 발성의 모든 문제에 대해서도 생각해야 할 것입니다.

발성은 자기감수적 감각을 포함합니다. 시를 지을 때, 우리는 보통 스스로 소리를 내어 읽어봅니다. 그것은 우리가 단지 어떤 소리인지를 듣는 것뿐만 아니라 느낀다는 것을 의미합니다. 어떤 소리에 대한 자기감수적인 느낌은 그 소리에 대한 의미와 감상에 공헌합니다. 같은 방식으로 음식이나 와인의 냄새는 맛에 관여합니다. 우리의 미적 감각은 종합적입니다. 그리고 자기감수성과 근운동감각은 이러한 방식에 따릅니다. 또한 우리는 자기감수성과 근운동감각을 문학의 구두성에 제한해서는 안 될 것입니다. 텍스트의 시각적 형태는 텍스트의 인쇄된 행의 길이를 살펴보는 눈 근육의 움직임을 포함합니다. 또한 때때로 눈을 따라 움직이는 머리의 미묘한 움직임마저 포함합니다. 텍스트의 내재적인 느낌은 행의 길이가 얼마나 긴지에 따라서, 구두점의 시각적인 리듬에 따라서 그것이 발성되지 않는다고 하더라도 변화합니다. 나는 이것을 나의 책 『표면과 깊이의 미학』(*Surface and Depth*)의 한 챕터에 문학 텍스트의 시각적 측면에 대하여 논하였습니다.

4   예술 제작과 스타일
제작과정에서 예술가와 모델의 철학적 스타일은 어떻게 작용하는가?

예술 제작에서 예술가의 스타일이 예술에 어떻게 드러나는지는 흥미로운 문제입니다. 전통적으로 예술가의 철학관이 예술에 그대로 반영된다는 이론들이 있는데요. 그런데 재미있는 문제는 만약에 한 예술 작품에 두 인물 이상이 관여할 경우 작품의 스타일은 어떻게 정해지느냐는 문제입니다. 특히 그 두 인물이 작가와 모델로, 완성된 예술에서 결정하는 권한의 차이가 있다고 합시다. 그렇다면 작가의 스타일이 모델의 스타일보다는 더 깊이 예술에 관여하는 것으로 본 것이 전통적인 예술에서의 스타일관이라고 할 수 있습니다.

이러한 생각의 전형적인 예를 우리는 18세기 프랑스 철학자 디드로에게서 찾을 수 있습니다. 디드로는 당시의 유명한 풍속 화가인 장 바티스트 그리즈(1725-1805)가 자신의 아내인 그리즈 부인의 모습을 너무 적나라하게 표현한 것에 대하여, 예를 들면 생기 없는 가슴을 그

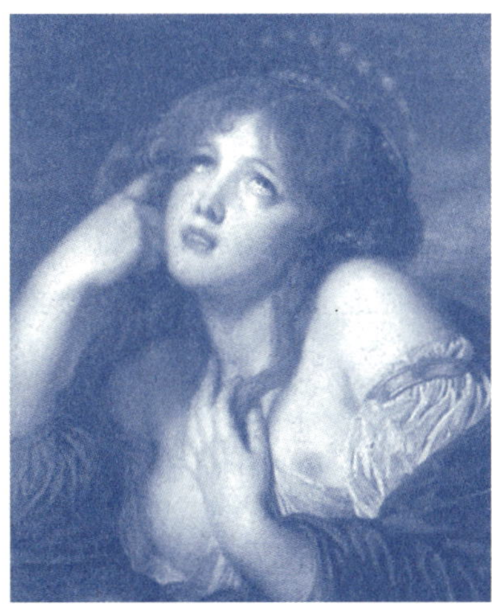

장 바티스트 그리즈, 「아리아드네」, 1803-4
그리즈는 당시의 화가들과는 달리 서민 생활을 즐겨 그렸다. 초기 그리즈의 작품은 '도덕적 작품'이라며 디드로 등에 의해 극찬받았으나, 프랑스 대혁명 이후 신고전주의가 주류가 되자 명성이 쇠락하게 된다.

대로 노출하고 있는 표현 등을 비난하였습니다.

디드로는 그뢰즈 부인이 젊은 시절 서점에서 일하던 모습을 보고

매혹된 적이 있었기 때문에 모델이 그러한 스타일을 가졌을 리가 없다는 전제하에 그 예술가의 스타일만을 비난하였습니다. 그런데 여기서 우리가 품을 수 있는 의문은 디드로가 모르는 그 모델의 인격을 드러내기 위해서 예술가가 그러한 표현을 했을 수도 있다는 것입니다. 즉 모델의 스타일이 예술가의 스타일을 넘어서서 작품에 나타날 수 있다는 점도 간과할 수는 없다는 점입니다. 이러한 질문에 대한 가장 단순한 대답은 작가와 모델 둘 다의 스타일이 반영된다는 것일 텐데, 여기서 우리가 알고 싶은 것은 이 둘의 스타일이 어떠한 양태와 관계를 가지고 하나의 작품에 나타나느냐는 점일 것입니다.

　박사님은 얀 토마라는 프랑스의 사진작가와 직접 예술 제작에 참여한 적이 있는데, 그때의 경험에 비추어 이 문제에 대답해주셨으면 합니다. 왜냐하면 여태껏 미학자들은 감상자 혹은 비평가의 태도를 가지고 예술 제작의 문제를 다뤄왔는데, 직접 예술 제작에 참여하는 경우에는 예술가의 스타일이나 모델의 스타일이 어떻게 작품에 반영되는지에 대한 더욱 구체적이고 직접적인 논의가 가능할 것이라고 생각됩니다.

여기에 관하여 나는 당신이 묘사한 것보다 역사적으로 상황이 더 복잡하다고 생각합니다. 비록 예술가가 자신의 스타일, 개성 그리고 철학을 표현하는 것에 대한 생각이 근대, 적어도 낭만주의 이래로 일반적 생각이었다고 해도 예술을 개인의 성격이나 철학적 신념에 대한 표현이라기보다는 기술적 제작으로 만들어진 것이라고 생각한 아리스토텔레스에 근거한 오래된 고대 전통이 있습니다. 아리스토텔레스에 의하면 예술은 포에시스(ποίησις), 즉 행하는 자에게 영향을 미치는 행함 그 자체인 실천으로서가 아니라 외적인 것으로 만들어진 것입니다. 이러한 미학의 고대 전통은 T. S. 엘리엇 같은 현대인에게조차 나타나는데, 그는 만드는 이와 만들어지는 것의 극단적인 차이를 주장하였습니다. 그것은 사람이 추하다고 할지라도 그가 만들어낸 작품은 아름다울 수 있으며, 그 반대 역시 가능하다는 것입니다. 이것을 T. S. 엘리엇은 시의 '인격무관계적 이론'(impersonal theory)이라고 불렀습니다. 또한 엘리엇과 마찬가지로 아리스토텔레스의 영향을 받은 자크 마리탱 같은 근대의 가톨릭 미학 철학자에게서도 이것을 발견할 수 있습니다.

내 관점은 예술가는 항상 어떻게든 자신이 만들어내는 것에 영향을 받는다는 것입니다. 그것을 만들어내는 이가 누구인지에 의해, 그리고 그가 가진 경험에 의해 큰 영향을 받는 것과 마찬가지로 말입니다. 그 영향은 아마도 간접적이며 반대로 작용할지도 모르죠. 어떤 작가는 매우 수줍음이 많아서 반대로 대담하게 글을 쓸지도 모릅니다. 왜냐하면 그는 자신의 삶에서 너무 수줍음이 많고 위축되어 있었기 때문에 글이라도 대담하게 쓰려고 하는 것이죠.

대부분의 미학자가 예술에서 감상자의 입장을 취해왔다는 당신의 주장은 참 옳은 말입니다. 니체는 그러한 경향을 비판했습니다. 나 역시 그러한 방식은 심각한 한계가 있다고 생각합니다. 그리고 나의 프라그마티즘 미학은 더 깊이 관여하고 참여적인 방식을 변호해왔습니다. 그러나 완전한 프라그마티스트의 방식으로 변호만 하는 것은 충분치 않습니다. 단지 가르치고 알리는 데도 실제로 행하는 것이야말로 더욱 설득력 있을 것입니다. 그래서 나는 얀과 일종의 사진과 영상의 촬영 작업을 함께하기로 결심했습니다.

이 경우에 우리 둘의 스타일과 에너지는 함께 포함되며, 그 결과물은 우리 둘의 합작입니다. 그 방식이나 테크닉을 만들어낸 이는 얀이었

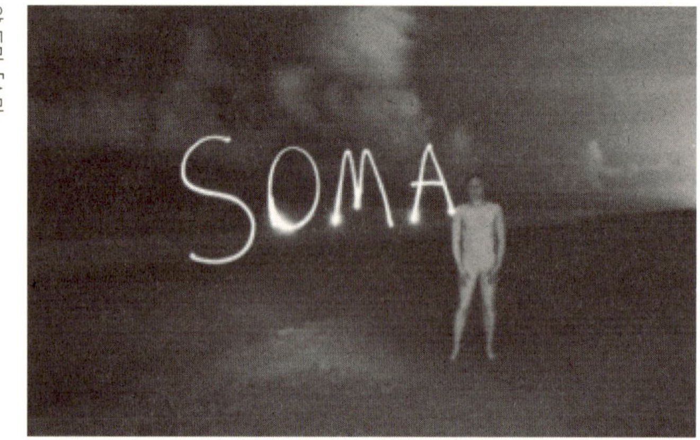

지만, 실제 표현과 테크닉의 사용은 그의 작업 스타일과 나의 포즈, 표현 스타일의 미장센을 모두 포함하였습니다. 그러나 이 합작은 아마도 예외적인 것일 것입니다. 왜냐하면 얀은 나의 에너지와 스타일에 매우 열려 있었고, 그의 작업은 다른 이의 에너지를 감각하는 것에 동기부여를 받는 것이었기 때문이죠. 어떤 경우이든 나는 예술가와 주제의 스타일 관계는 결국 매우 다양할 수 있다고 생각합니다. 예술가는 보통의 사진에서보다는 회화에서 더 통제력을 가지고 있는 것으로 보입니다. 왜냐하면 사진은 카메라의 자동적인 기계작용에 의해 제한되며, 모델의 포즈도 카메라의 이미지 표현력에 제한받기 때문이죠.

5 '삶의 예술'에서의 두 가지 미적 경험과 스타일
슈스터만의 '삶의 예술'은 스타일과 어떤 관계를
지니는가? 그리고 스타일에 관련하는 삶의 예술에서의
'평범한 미적 경험'과 '특별한 미적 경험'을 통해
스타일은 어떻게 구현화되는가?

20세기는 일상에서의 스타일이 일반화되면서 원래는 스타일이 예술의
양식을 가리키는 말이었기 때문에 예술의 일상으로의 이행이 가능해지
고, 일상에서 스타일은 생활의 유미화를 일으켰습니다. 박사님의 용어
중에 스타일과 아주 비슷한 역할을 하는 것처럼 보이는 것이 '삶의 예
술(art of living)'인데요. 박사님의 정의에 따르면, '삶의 예술'은 역사
적·제도적 승인을 얻어 예술계에 올라탄 '예술' 이외의 것, 즉 아직 예술
이 되지는 않았지만 예술이 될 수 있는 잠재적 가능성을 지닌 '잠재예
술'로서의 개체, 다시 말해 예술가의 철학, 윤리관 등이 위치하는 영역
입니다.

그런데 예술가의 철학과 윤리관은 그 예술가의 삶의 스타일에 그
대로 드러나기 때문에 우리는 그 예술가의 삶의 스타일에서 그 사람이
만들어낼 작품을 추측해낼 수도 있습니다. 예를 들면 우리는 유머를 즐
기는 아마추어 작가로부터 그의 예술 작품에서 드러날 조크적 요소를
발견해낼 수도 있을 것입니다. 또한 반대로 우리는 작품에서 드러난 비
판과 조소 그리고 고독에서 그 작가의 삶의 스타일과의 연관성을 찾으
려 하기도 합니다. 예를 들면 우리는 오스카 와일드의 데카당스한 삶
의 스타일에서 그의 작품에 드러난 상류사회를 향한 조소 어린 비아냥

이나, 뒤샹이 자전거 바퀴를 손으로 돌리고 놀면서 즐거워하던 그의 삶의 스타일이 남성용 변기를 갤러리에 전시하는 특이한 발상에 연결되었다는 것을 관련지어 생각해내려고 합니다. 이러한 예술과 예술가의 소마틱 스타일의 관련성에 대해 박사님은 예술계에 올라탄 '예술' 작품에 '경칭적 측면(honorific dimension)'이 중요하게 작용하는 것처럼 소

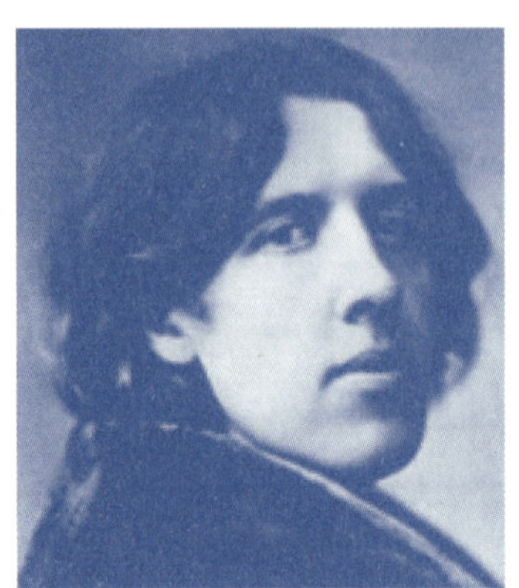

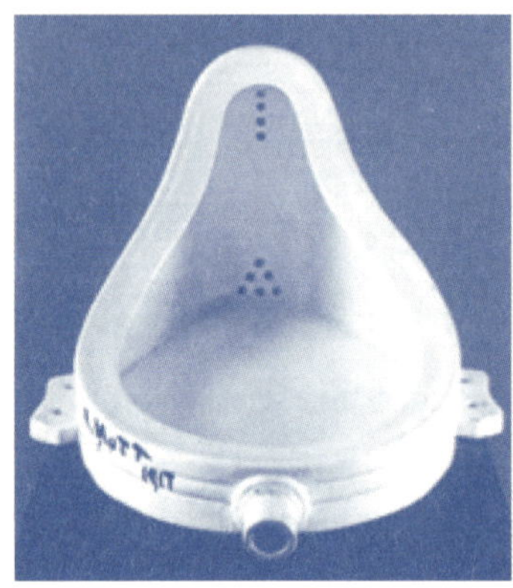

마틱 스타일에서도 그것이 중요하게 작용한다는 것을 밝혔습니다.[8]

하지만 자신의 윤리관과 철학관과 완전히 반대되는 작품을 전시하는 작가도 있습니다. 예를 들면 초현실주의의 대표적인 예술가인 살바도르 달리는 정신분열자의 상상을 화폭에 담은 듯한 매우 난잡해 보이는 그림을 그렸는데, 그는 일상생활에서 항상 아침 일찍 일어나 작업을 시작하였으며, 콧수염을 깔끔하게 다듬는 등 매우 깔끔하고 규칙적인 성격이었다고 합니다. 그것을 그 작가의 억눌린 진성의 표출이라든지 극히 드문 예외적 현상으로 취급할 수도 있겠지만, 이 경우가 전자의 경우와 다르다는 것은 분명할 것입니다.

[8] Richard Shusterman, "The End of Aesthetic Experience", *The Journal of Aesthetics and Art Criticism* (1997).

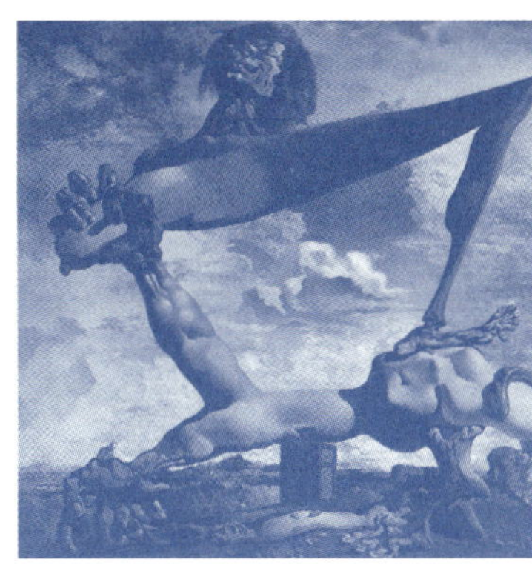

　　그렇다면 그들의 삶의 스타일은 예술가의 철학과 윤리관, 즉 삶의 예술을 밖으로 드러낸다는 점에서 삶의 예술의 구현화라고 할 수 있거나, 적어도 부분적으로 관련한다고 할 수 있을 것입니다. 여기까지는 단지 저의 추론일 뿐인데, 박사님은 삶의 예술과 스타일의 관계를 어떻게 생각하시나요? 그 둘은 같은 것인가요? 다른 것인가요? 어떠한 점에서 다르며 어떠한 점에서 비슷한가요?

　　그리고 만약에 일상에서의 스타일이 삶의 예술의 구현화된 형태라고 할 수 있다면 삶의 예술에서 우리가 얻을 수 있는 평범한 미적 경험과 특별한 미적 경험을 스타일을 통해서도 얻을 수 있다고 생각합니다. 삶의 예술에 작용하는 평범한 미적 경험을 박사님은 "매일의 일상성이나 평범함을 강조하는 것"이라고 정의하였으며, 특별한 미적 경험을 "일상이나 매일매일의 사물이 미적 지각을 통해 감상될 수 있으므로 약간은 초월적인 특별한 경험으로 변용(be transfigured)되는 것"[9]이라고 정의하였습니다.

　　또한 박사님은 소마틱 스타일을 "(1) 경칭적인(honorific) 것 혹

[9]　리처드 슈스터만, "예술과 삶의 철학으로서의 미학:
판공카이의 작품에 대한 고찰 (Aesthetics as Philosophy of
Art and Life: Reflections on Pan Gonkai)"(文書畵, 2011).

은 가치평가적(evaluative)인 것과 단지 묘사적인(descriptive) 것의
대립, (2) 총괄적(generic)인 것과 개인적(personal)인 것의 대립, (3)
분명하게 의식하거나 반성적인 것(reflective)과 단지 자연스럽거나
(spontanes) 무의식적인 것의 대립, (4) 자발적인(voluntary) 것과 자
발적이지 않은(involuntary) 것의 대립, (5) 영원한(permanent) 것과
상황에 따른(contextual) 것의 대립"의 다섯 가지 구분*에서 논하셨는
데, 이러한 대립은 평범한 미적 경험과 특별한 미적 경험의 대립을 연상
시킵니다. 즉, '경칭적인 것', '개인적인 것', '반성적인 것', '자발적이지 않
은 것', '영원한 것'이 특별하고 초월적인 것에 속하는 특성이라는 점에
서 특별한 미적 경험과 관련하고 있으며, 그 나미지 것이 일상적이고 습
관적인 것에 관련하는 데 있어서 평범한 미적 경험에 관련하는 것으로
보입니다. 이러한 해석이 가능한 것인지, 또한 평범한 미적 경험과 특별
한 미적 경험은 정확히 어떻게 스타일에 작용하는지에 대해 묻고 싶습
니다.

일상생활의 스타일에 대한 당신의 분석은 아주 훌륭하군요. 맞는 말이
에요. 하지만 여기서도 상황은 더 복잡합니다. 첫째로, 우리는 일상생
활의 스타일이 20세기 전에도 있었다고 말해야 할 것입니다. 유럽의 많
은 귀족, 왕궁 사회에서(그리고 아마도 내가 잘 모르는 동양에서도) 일
상생활의 많은 스타일 방식이 있었습니다. 패션, 스피치, 제스처 그리고
편지를 쓰는 데 있어 교양의 스타일은 좋은 평판과 정치적·실질적 성공
에서 매우 중요했습니다. 그것과 오늘날의 다른 점은 많은 사회적 평
등, 다양한 사회 계층이 일상생활에서 자신의 스타일을 만들어내는 데
더 많은 시간과 자유 그리고 경제적 힘을 가지게 되었다는 점일 것입니

* Richard Shusterman, "The End of Aesthetic
Experience", Journal of Aesthetic Experience, 1997. 또는
김진엽 · 허정선 역, 『삶의 미학(Performing Live)』(북코리아,
2012)의 제1장 참조.

다. 둘째로, 내가 예술가의 스타일과 예술 작품의 스타일 사이에 깊은 관계가 있다고 믿기는 하지만, 그 관계는 당신이 언급한 것처럼 복잡하고 간접적일 수 있습니다. 예술가는 자신의 작품에서는 매우 깔끔하고 깨끗하고 신중하지만, 자신의 소마틱 스타일에서는 매우 부주의하고 심지어 지저분할 수도 있습니다. 자신의 스타일은 무질서하고, 비논리적이고, 충동적인 예술가가 매우 이성적이고, 신중하고, 꼼꼼하게 작품을 만들어낼 수도 있습니다. 또는 그 반대일 수도 있지요. 여기서 우리는 예술의 신중함 또는 깔끔함이 지저분한 라이프스타일에 대한 보상심리나 반작용에 의한 것이라고 할 수 있을 것입니다. 또한 우리는 강박적으로 이성적인 사람이 그러한 이성성과 깔끔함에서 벗어나 미친 듯 보이는 초현실주의 작품에 빠지는 수단으로 예술을 이용할 수 있다는 것을 생각해볼 수 있습니다.

그러나 이러한 종류의 복잡한 관계 또는 보상심리는 예술 영역에만 국한된 것이 아닙니다. 때때로 철학자들은 그들이 사는 방식이라기보다는 다른 이상을 제안함으로써 보상심리적으로 철학을 구축해냅니다. 통일을 전파하는 철학이 자신의 삶은 전혀 통일되지 않은 철학자에 의해 주장되기도 하고, 덕을 전파하는 철학자 중에는 전혀 덕이 높지 않은 이도 있습니다. 체력과 건강한 삶의 이상을 추구하는 철학자가 사실은 심각한 육체적 쇠약함과 병마에 시달리고, 자신이 주장하는 삶을 살지 못한 경우도 있습니다. 니체는 체력을 주장하였지만 자신의 병약함 때문에 건강하게 살지 못한 아주 좋은 예일 것입니다. 그는 그것 때문에 더욱 존경을 받을 만한데, 왜냐하면 자신의 건강상 약함 때문에 병약함을 주장하는 것으로 자신의 입장을 포기해버리지 않았기 때문이죠.

당신의 질문의 마지막 부분에 관련하여, 나는 스타일이 한 사람의 삶의 예술에서 본질적인 것이라고 생각합니다. 스타일라이제이션은 단순한 삶을 예술적인 것으로 하는 핵심요인입니다. 스타일은 우리가 이미 다른 것처럼 삶의 예술보다 넓게 적용되기도 합니다. 그것은 예술계에서의 예술적 스타일에 존재합니다. 그러나 삶의 예술은 단지 스타일만이 아닌 것도 포함합니다. 다양한 삶의 예술에는 (예를 들어 요리, 글쓰기, 운전 그리고 성행위의) 테크닉과 기술이 있습니다. 그것은 하나 이상의 스타일에 의하여 행해질 수 있습니다. 마치 형태가 내용을 필요로 하는 것처럼 스타일은 작업하는 데 쓰이는 소재가 되는 기술이나 테크닉이 필요합니다.

다음으로 일반적 미적 경험과 특별한 미적 경험에 대해 말해보겠습니다. 나는 어째서 당신이 스타일의 대조되는 성격들을 일반적 미적 경험과 특별한 미적 경험에 관련시켰는지 이해합니다. 그리고 몇몇 경우에서는 그 대조적 관련이 적절해 보입니다. 하지만 그렇지 않은 경우도 있어요. 묘사적인 것이 평범한 것에 비하여 경칭적인 것이 특별한 것이라는 것에는 맞는 것 같네요. 그러나 개인적(총괄적인 것에 대조되는) 스타일은 평범한 스타일이 될 수도 있습니다. 그리고 어떤 이는 반성적으로 매우 평범한 스타일을 만들 수도 있지요. 예를 들면, 매우 매력적인 여성이 주목을 받고 싶지 않아서 자신을 눈에 띄지 않거나 평범하게 치장하기도 합니다. 마찬가지로, 창의적인 사람은 비반성적으로 또는 자연스럽게 매우 스타일리시하게 옷을 선택할 수 있습니다. 대부분의 경우 나는 사람이 뚜렷한 계획이나 반성을 통해 더 나은 미적 경험을 창조한다는 것에 동의하지만 말이죠.

우리의 미적 경험은 대부분의 경우 자발적입니다. 그러나 때로 우

리는 아름답게 보이려 하지 않거나 아름다움에 의해서 방해받고 싶어
하지 않으며, 반대로 그것을 자발적이지 않은 방식에서 극복하려고 합
니다. 그래서 그것이 일상적인 사건이 아니더라도 비자발적인 미적 경
험을 가질 수 있도록 말이죠. 나는 스타일이 우리에게 평범한 미적 경험
과 특별한 미적 경험 둘 다 제공한다는 당신의 중심적인 생각에 동의합
니다. 그러나 그것의 상황적인 이해에서 그것은 두 가지 모두의 경험을
제공할 수 있습니다. 우리는 평범한 상황과 특별한 상황을 가질 수 있
지만, 평범한 상황이 어떤 유념의 노력이나 관점의 변화에 의하여 특별
한 상황으로 변할 수도 있다는 것을 기억해야 할 것입니다.

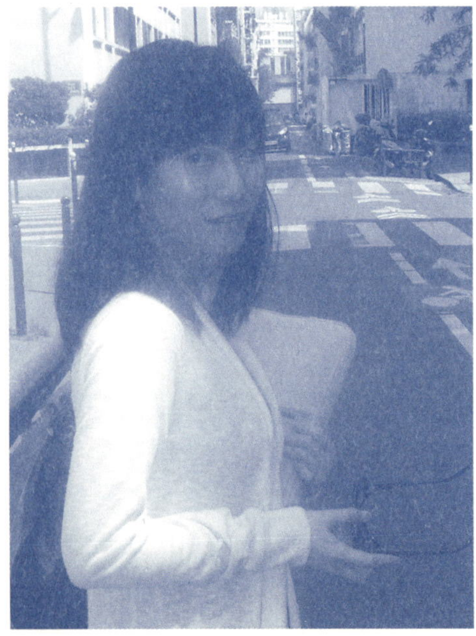

이혜진

현재 동경대학교 미학예술학과에서 박사과정을 수료 중이다.
2010년부터 플로리다 애틀랜틱 대학 리처드 슈스터만 박사의
몸, 마음 그리고 문화 센터의 아시아 지역 담당 대표 연구원으로
활동하고 있다. 2009년부터 같은 센터에서 교환 연구원으로
활동하였다. 신체미학, 프라그마티즘, 심리철학, 비교미학
등의 주제에 관심이 있으며 퓨전재즈와 서핑을 즐긴다.
2011년 번역서 『몸의 의식』(리처드 슈스터만 저)이 2011년도
대한민국학술원 우수학술도서로 선정되었다.

권력과 스타일
Power and Style

김미경
(숙명여자대학교
리더십역량개발센터 교수)

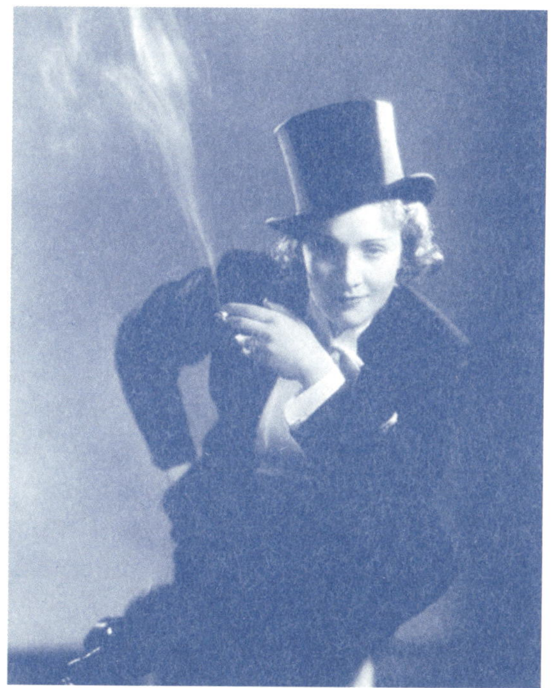

1930년에 제작된 영화 「모로코(Morocco)」에서 마를렌 디트리히가 착용한 크로스드레싱 스타일. 이 스타일은 엄격한 율법으로 여성을 억압하는 이슬람 분화권의 모로코를 배경으로 힘의 논리에 의한 남성과 여성의 이중적 구조를 은유적으로 표현하고 있다.

이 장의 테마: 몸의 서열화와 힘의 논리

인간의 몸을 통한 힘의 논리는 인류의 탄생을 기록한 신화에서부터 최첨단 기술로 신체를 자유롭게 변화시키는 현 사회적 현상에 이르기까지 인간의 욕망을 표현하는 중요한 논제가 되고 있다. 그리스 로마 신화의 중심이 되는 등장인물들을 묘사하는 구조적 형태는 신, 반신반인, 인간, 반인반수, 동물 등 몸의 서열화를 통해 힘의 논리를 암시해주고 있다. 인간의 몸에 대한 끊임없는 욕망은 인류의 탄생을 기록한 설화 등에서도 찾아볼 수 있다. 곰이 사람의 몸으로 환생하기 위해 마늘과 쑥 한 줌만 먹고 금기하며 견뎌낸 단군신화의 기록은 몸의 변신을 통한 힘의 서열화와 신분 상승의 계층적 구조화라는 단초를 제공하고 있다. 중세사회에서도 '몸'은 권력의 상징적 도구로 계층적 서열체계를 규정하며 사회의 질서체계를 확립해왔다. 이러한 권력과 힘의 지배에 대한 욕망의 상징으로서의 몸에 대한 성찰은 토니 모리슨의 작품 『가장 푸른 눈』(*The Bluest Eye*)[1]에 묘사된 한 흑인 소녀를 통해서 그 의도를 명확히 드러내고 있다. 그녀는 작품 속에서 한 흑인 소녀가 푸른 눈으로 바뀌는 환상 속에 미쳐버리는 과정을 통해 이데올로기적 힘의 관점을 몸이라는 개체로 투사하고 있다. 이 장에서는 '권력과 스타일'이라는 주제로 몸으로 표현된 힘의 논리가 정치, 사회, 문화, 젠더라는 측면에서 어떻게 해석되는지 논의해보고자 한다.

[1] Morrison, Toni, *The Bluest Eye* (New York: Washington Square Press, 1970).

1 세컨드 스킨의 힘
스타일과 패션 이미지

패션으로 표현된 스타일은 신체적 유기체와 밀착하여 한 개인과 그 사회의 가치관 및 정체성, 행동규범 등을 함축적인 이미지로 표현함으로써 '제2의 신체', 즉 'The Second Skin'이라 지칭하고 있습니다. 패션은 가공의 신체 미를 만들어내는 것으로, 이상적인 신체 미의 변화는 곧 패션의 변화를 수반하게 됩니다. 신체의 미적 특성과 사회성을 반영한 상징적 매개체로서 패션의 역할과 기능을 통해 인간은 시대가 요구하는 이상적 신체 미를 표현하기 위해 신체의 왜곡, 과장을 위한 파괴, 변형❷ 등 과거부터 현재까지 아름답고 관능적인 몸의 스타일을 만들며 신체적 미의 기준을 제시해왔습니다.

만 레이(Man Ray)❸는 「앵그르의 바이올린」, 「외투 걸이」 등 영상

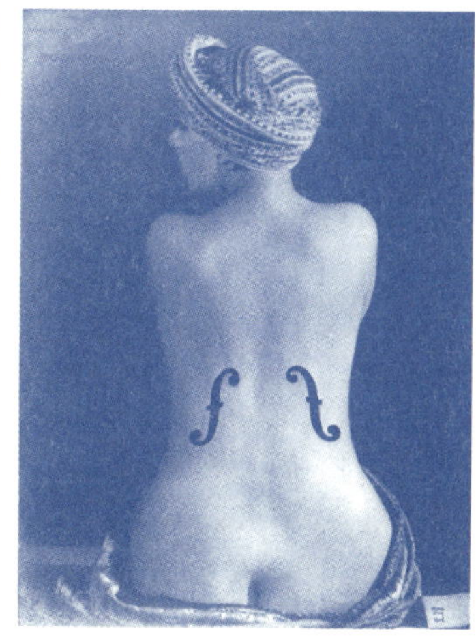

앵그르의 바이올린, 1924
출처: blog.naver.com

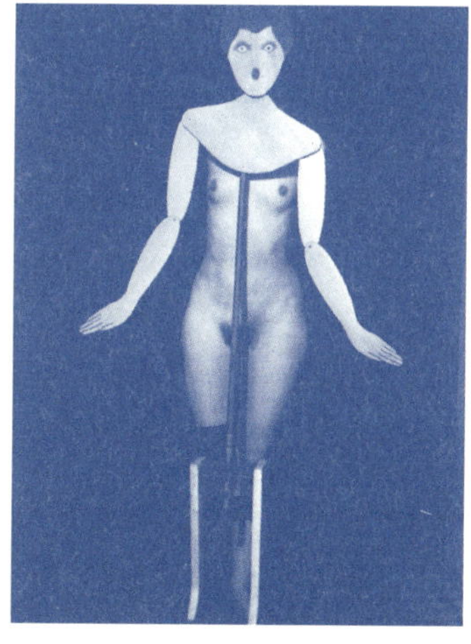

외투 걸이, 1920
출처: blog.naver.com

❷ 이상적인 체형을 만들기 위해 '파티에'라 부르는 코르셋의 착용이나 발의 형태를 변형시킨 중국의 전족 등 이상적 신체 미를 위한 신체에 대한 가혹과 변형은 현재도 지속되고 있다.

❸ 미국의 화가이자 사진작가로 다다이즘과 초현실주의에 입각하여 뒤샹과 함께 뉴욕 다다이즘을 이끌었으며 파리로 이주하여 피사체를 사용하지 않는 등 다양한 실험적 작품활동을 하였다.

을 통해 패션 이미지를 몸의 형상으로 표현함으로써 패션과 인간의 몸 간의 유기적 관계를 승화시켰으며, 『The Second Skin』을 집필한 마릴린 혼과 루이스 구렐은 미학, 경제학, 심리학, 윤리학적 관점에서 패션과 인간과의 관계를 논하였습니다.

기존의 패션과 몸에 대한 관점은 플라톤을 비롯한 이성주의 철학자들로부터 그 의미와 가치가 평가절하되어왔습니다. 그들은 정신과 몸을 이원화하여 인간의 몸을 영혼에 의해 조정되는 일시적이며 기계적인 개체로 폄하하였습니다. 그러한 이분법적 사고는 영혼에 대한 숭배와 몸에 대한 폄하를 통해 인간의 삶을 근본적으로 왜곡해왔으며, 개인의 가치관과 사회적 이데올로기를 담아내는 패션의 형이상학적 기능을 거부해왔습니다. 그러나 인간의 본질을 몸과 정신으로 확연히 구분할 수 있느냐는 데 대해 현대의 학자들은 많은 문제를 제기하고 있습니다. 제임스 조이스[4]는 인간의 몸을 '인간성이 충만한 집'이라고 정의[5]하면서 몸을 물질적 유기체와 정신이 융합된 통합적 실체로 설명하며 기존의 패러다임을 부정하였습니다. 이러한 관점에서 현대 패션이 함축하고 있는 사회적 함의에 대한 슈스터만 박사님의 견해를 듣고 싶습니다. 또한 현대인들이 갖는 나르시시즘적 욕망으로서의 신체에 대한 심리적·이념적·역사적 의미를 내포하는 욕망과 권력, 소비적 행태의 실행도구로서의 패션이 갖는 의미에 대해 어떤 견해를 갖고 계시는지요?

만 레이의 「앵그르의 바이올린」을 언급하다니 흥미롭군요. 왜냐하면 만 레이가 영감을 얻은 앵그르의 그림은(내가 반대했음에도 불구하고) 나의 책 『몸의 의식』*의 표지에서 쓰인 바로 그 그림이기 때문입니다.

---

[4] 아일랜드의 소설가. 『율리시스』(Ulysses, 1922) 『피네건의 경야(經夜) (Finnegans Wake』, 1939)와 같은 장편소설에서 실험적인 언어 사용과 '의식의 흐름'이라는 새로운 기법으로 인간의 복잡하고 미묘한 내면 심리의 갈등을 묘사하여 20세기 심리 소설의 형성에 영향을 미침.

[5] Budgen, Frank, *James Joyce and the Making of Ulysses and Other Writings* (London: Oxford UP, 1972)

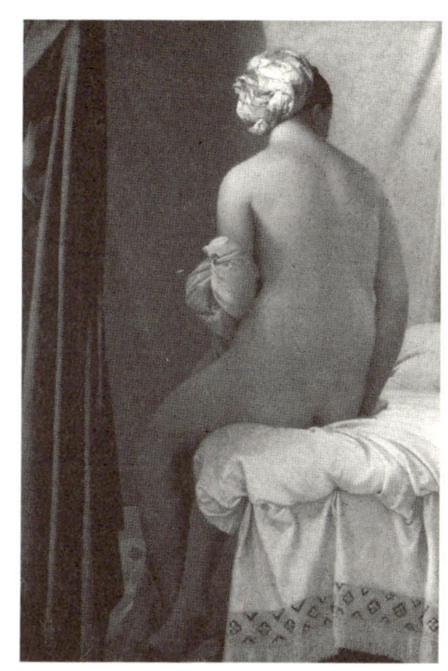

앵그르, 「발팽송의 목욕하는 여인」

　　그리고 만 레이는 내가 얀 토마와 같이 사진예술 작업을 하는 데 영감을 준 작가이기도 합니다. 우선 당신의 질문으로 되돌아가 답하도록 하죠. 첫째로 몸을 영혼의 감옥으로 본 플라톤의 관점은 서양철학에서 본질적이고도 전통적 관점입니다. 그것은 그리스도교에 의해서 수용되었고, 데카르트에 의해서 감옥의 이미지는 기계의 이미지로 변화되었습니다. 그러므로 몸을 집이나 건물처럼 보는 것은 플라톤만큼이나 오래된 것입니다. 그리고 그것은 그리스도교와 로마시대 이후의 건축에서 매우 중심적입니다. 사도 바울은 몸을 신전이라 했는데, 그에게 몸은 순결하게 보존되어야 하는 것이었습니다. 또한 비트루비우스는 몸의 비율과 훌륭한 신전의 비율을 비교하였습니다.

　　지그문트 프로이트는 꿈에서 몸은 집을 상징한다고 하였습니다. 그러므로 이 관계는 제임스 조이스의 근대보다 훨씬 오래된 것입니다.

＊　한국판의 표지는 저자가 원판의 그림에 대한 비평을
서문에서 하고 있기 때문에 이미지는 보이면서도 저자의
의도를 살리기 위해 보열리즘을 사용하여 속지에 그림을 넣고
겉지에 문을 만들어 보이도록 하였습니다.

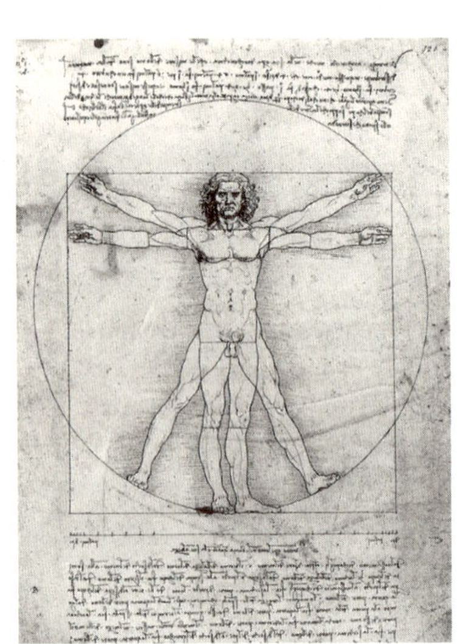

물론 패션에는 사회적 의미가 있다고 한 것은 맞는 말입니다. 이것은

첫 번째의 옷이라고 할 만한 것이 언급된 에덴동산 이야기까지 거슬러 올라갑니다. 그것은 무화과 잎이었는데, 이 무화과 잎은 아담과 이브를 따뜻하게 하기 위한 목적에서 쓰인 것이 아니라, 그들이 두 가지 사회적 현실을 갑자기 의식하게 되었기 때문이었죠. 그 사회적 현실이란, 첫째는 그들의 주인인 신에 대한 불복종이었는데, 이 불복종은 그들에게 사회적 의무를 지키지 못하도록 하였습니다. 그리고 둘째로는 그들이 서로 성적으로 다르다는 것이었지요.

현대 패션에서 사회적 의미를 어떻게 생각하느냐고요? 우선 나는 이 질문이 매우 복잡하고 불명확하다는 것을 말해야 할 것입니다. 왜냐하면 어떠한 현상의 사회적 의미도 사회에 의존하기 때문이지요. 그리고 그러한 사회에 현상은 놓이고, 사회는 사회 그룹 또는 기능을 나타냅니다. 우리의 사회는 모두 다 같은 것이 아닙니다. 나는 한국사회에 대해서 잘 모르지만 내 생각에 한국은 아마도 미국이라는 사회와는 매우 다를 것이라고 생각합니다. 또한 사회적 의미(또한 패션에서의 사회적 한계)도 매우 다르겠지요. 내가 그나마 제일 잘 아는 미국의 패션 장면에 대해서 이야기해보겠습니다. 그러면 한국의 독자들은 어떤 범위와 측면에서 한국사회에서 적절할 수 있을지를 알 수 있을 것입니다. 그런 식으로 이 책은 한국 독자와 저 사이의 상호작용을 이룰 수 있겠지요.

미국에서 현대의 패션은 내가 「소마틱 스타일」이라는 논문에서 쓴 것처럼 많은 다양한 형태를 띱니다. 먼저 미국사회에는 다양한 드레스 코드가 있습니다. 포멀 드레스, 세미 포멀, 비즈니스, 비즈니스 캐주얼 등 말이죠. 둘째로 내가 언급한 것처럼, 미국사회의 다양한 인종 그룹은 그들 자신의 특별한 패션 스타일을 지닙니다. 그리고 사회의 다양한 문화적 또는 취미 그룹의 가치를 표현하는 패션이 있습니다. 그중 몇몇은 음악문화와 관련합니다. 왜냐하면 북아메리카에서(그리고 많은 다양한 서양사회에서도) 많은 사회 그룹은 그들의 가치를 음악과 어울리는 의상과 삶의 스타일을 특정 음악 장르에서 형성하고 표현합니다. 그들 사회 그룹 대부분은 중심적인 사회적 가치와는 조금 대립하는 가치를 지닙니다. 그러한 패션의 사회적 의미의 일부는 그러한 중심적 사회가치에 대한 저항이나 거부 또는 대안일 것입니다.

좀 더 일반적으로 말하여 미국 패션의 사회적 의미에서 패션(나는 이것이 다른 현대 서양사회에서도 적용된다고 생각합니다)은 장소라고 할 수 있을 것입니다. 그리고 장소로서의 패션은 우리가 자신의 사회적 가치, 개인적 취향, 성격 등을 나타낼 수 있는 장소일 것입니다. 패

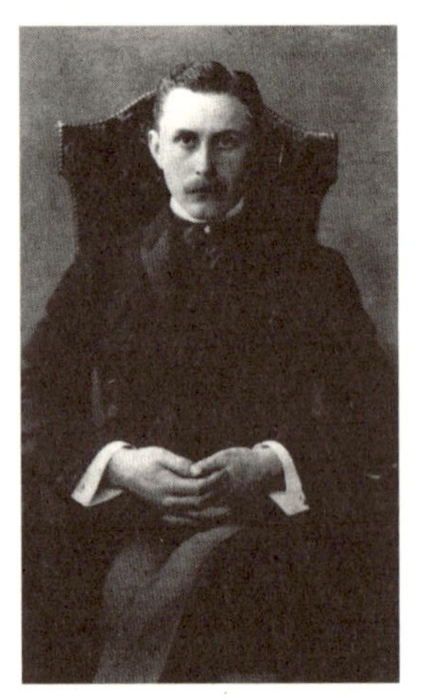

션에서 스타일은 어떤 특정한 스타일의 사회 그룹에 자신을 끼워 맞추거나 그 그룹에서 자신만의 취향을 가지는 것의 두 가지로 말할 수 있습니다. 왜냐하면 미국사회는 개인의 표현을 가치 있게 여기는 사회이기 때문입니다. 미국사회도 물론 다른 사회와 마찬가지로 사회에 순응할 것을 요구하지만, 개인주의는 미국의 이상입니다. 이것은 랠프 월도 에머슨과 헨리 데이비드 소로 같은 사상가들에 의해서 강력하게 주장되었지요. 가장 일반적으로 현대 서양사회에서 개인주의는 팽배해졌습니다. 사실 이미 20세기 초에 어떤 패션 이론가들, 예를 들면 유명한 빈의 건축가 아돌프 로스 같은 이는 사람들이 같은 스타일의 옷을 입어야 한다고 주장하였습니다.

예를 들어, 로스는 남자는 똑같은 검은색 정장을 입어야 한다고 하였지요. 왜냐하면 사회가 다른 부분에서 이미 너무 개성적이 되어버렸기 때문에 적어도 사람들이 같은 옷을 입어야 한다고 생각한 것이지요. 로스는 개성적인 패션이 극단적인 개성적 트렌드를 야기하지는 않을까 우려하였습니다. 우리는 서양문화의 초기에 패션은 그룹의 의미를 강하게 가지고 있었다는 것을 기억해야 할 것입니다. 그 당시 다른 직업이나 조합에 속한 사람들은 같은 종류의 옷을 유니폼처럼 입었지요.

2 정치적 스타일의 힘
이미지 파워

왕조정치에서 신체적 이미지는 정통성과 권위의 상징으로 묘사되어 왔습니다. 헨리 7세[6]는 왕위의 정통성을 정당화하고 과거 영국 왕들을 격하시키기 위해 리처드 3세의 초상화를 곱사등처럼 보이게 그리도록 명령하는 등 신체를 통한 정치인들의 파워게임은 스타일을 통

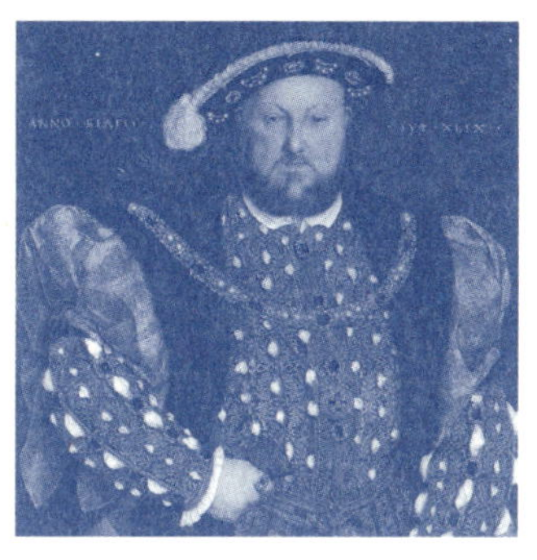
그림 8 출처

해 전략적으로 구현되었습니다. 그의 아들 헨리 8세는 스타일을 통해 권력의 힘을 과시하는 데 탁월한 역량을 발휘했죠. 이미지 창조자 크롬웰(Thomas Cormwell)과 홀바인(Hans Holbein)은 성직자의 권위를 축소하고 헨리 8세의 권력을 증대하기 위한 일련의 법률안과 이미지 창조에 적극적인 공헌을 하였습니다.[7] 1536년, 홀바인이 그린 유명한 헨리 8세의 초상화는 그의 거대한 몸(6피트 2인치)에 황금, 루비, 진주와 모피, 벨벳 등의 장식과 차갑게 노려보는 듯한 눈동자 등 신체의 묘사를 통해 왕가의 힘을 상징적으로 묘사했습니다. 사실 400여 년 동안 헨리 8세와 그의 딸 엘리자베스 1세의 스타일을 통해 튜더 왕조의 위엄과 권위는 영화, 연극 등 일련의 문화적 장치 속에 파워를 나타내고 있습니다. 이러한 정치적 파워게임에서 스타일은 현재에도 강력한 메시지 전달의 의미를 갖고 있습니다. 특히 대통령 선거나 G20 정상회담 같은 글로벌 이슈를 탄생시키는 세계적 회담에서 정치지도자들은

---

[6] 1485년, 보스워스 전투에서 영국 요크 왕조의 리처드 3세를 죽이고 리처드 3세의 조카딸인 요크 가문의 엘리자베스와 결혼함으로써 랭커스터 가와 요크 가의 왕위 계승권을 통합한 튜더 왕조의 시조. 두 가문의 상징인 붉은 장미와 흰 장미를 통일하여 '튜더 장미'로 알려진 상징물을 만들어 왕실의 건물, 옷, 서류 등에 장식함으로써 이미지를 통한 권력의 힘을 암시함.

[7] Branden Bruce, *Image of Power*, (Seoul: CommunicationBooks, 1998), 18-19.

제스처나 옷 입는 스타일 등을 통해 자신이 기대하는 이미지를 창출해 나가고 있습니다. 정치인의 이미지 창출의 강력한 도구인 폴리틱스 스타일(politics style)에 대한 박사님의 견해를 듣고 싶습니다.

왕정에서 소마틱 이미지는 힘과 정통의 상징으로 묘사됩니다. 패션과 스타일의 정치적 사용이 현대에도 여전히 널리 퍼져 있고 영향력이 있다는 당신의 의견에 동의합니다. 당신의 질문에 간단히 답한다면 이렇게 말할 수 있겠군요. 나는 스타일의 정치적 사용은 피할 수 없다고 생각합니다. 당신은 정치 스타일을 부분적으로 스케치해주었는데요. 그러한 현상은 앞으로도 계속될 것이며 아마도 현재 우리는 개인의 스타일을 최대한으로 나타낼 수 있는 첨단기술 도구를 가지고 있는 만큼 훨씬 더 강력해질 것입니다. 현재 이론가들은 일상세계의 미화(=감성화)가 점점 더 늘어나고 있다고 주장합니다. 미적 요인이 언제나 인간의 행동과 정치적 경영에 포함되어 오기는 했지만, 오늘날 과거와 크게 다른 것은 새로운 미디어와 첨단기술이 사람들의 다양한 시각적·청각적 그리고 다른 감각적 차원의 스타일을 발전시켰으며 실시간으로 그것들을 통한 커뮤니케이션을 구사하도록 하였다는 것입니다.

정치에서 소마틱 스타일은 자연적인 중요성이 있습니다. 왜냐하면 몸은 일반적으로 힘의 상징이기 때문입니다(몸은 우리가 행동하는 데 있어 우리의 기본적인 힘이 있는 곳, 예를 들어 우리는 몸 없이는 어떠한 행동도 할 수 없기 때문입니다). 또한 몸은 중심적으로 정치적 힘과 관련합니다. 국력은 왕의 몸이나 이른바 정부의 각 입법부에 의해서 나타납니다. 사실상 행정 각 부에서 정치적 힘의 위치(인간의 몸이 죽는 문제와 함께)는 서양 군주제에서의 중요한 정치적·형이상학적 관념을 만들어냅니다. 그것은 왕의 두 가지 몸으로서 묘사되었는데, 하나는 천성적이고 개인적인 몸이고 다른 하나는 좀 더 정신적이거나 형이상학적입니다. 즉, 특정한 개인으로서 한정되기보다는 다양한 개인으로 예시될 수 있는 추상적인 페르소 또는 왕의 본질로서 생각되는 것입니다. 왕의 천성적 몸은 모든 인간이 그러하듯이 물리적 속성을 지니며, 자연의 법칙에 따라 고난을 겪고 죽게 됩니다. 그러나 왕의 다른 몸, 즉 정신적인 몸은 이 세상의 것을 초월하여 규율에서의 신성한 정의를 가지고 왕으로서 그의 임무의 상징 역할을 합니다. 두 가지 몸의 개념은 그가 죽고 나서도 군주제가 계속될 수 있게 합니다. 요컨대 "왕이 승하하셨다. 대왕 전하 만세!"라는 말에서 나타나듯이 말이죠.

　몸은 또한 종종 정치적 제도로 변종되기는 하지만 사실 그것을 넘어서는 정치적인 권력의 중요한 형태인 카리스마의 원천입니다. 오늘날의 정치가들은 여전히 권력에서의 소마틱 스타일을 육체적 크기나 강함과 연관 짓습니다. 이것이 바로 프랑스 대통령 사르코지 같은 키 작은 정치가들이 자신들의 옷이나 신발을 가지고, 또한 훨씬 키 큰 사람들과 같이 사진을 찍지 않음으로써 크게 보이려고 매우 노력하는 이유입니다. 특히 그 키 큰 사람들이 정치적인 라이벌일 경우에 말입니다.

　오늘날 민주주의 사회에서의 선거는 인기에 근거하며, 인기는 (적

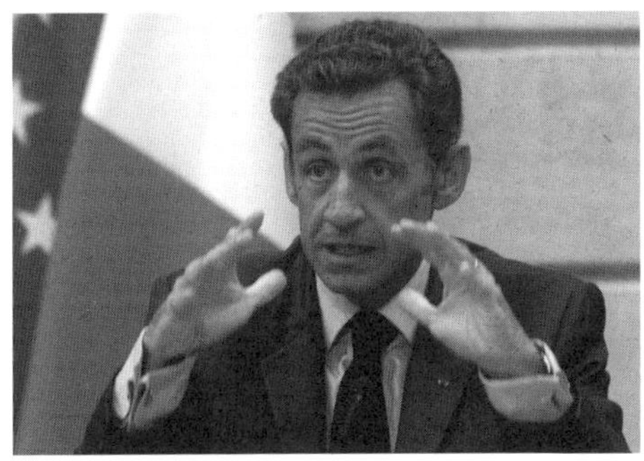

어도 대부분의 사람에게) 신체적인 매력과 스타일링, 이미지 연출을 포함합니다.

　그러므로 미학은 예술 밖의 영역인 정치에서도 중요한 역할을 합니다. 그리고 대부분의 미학적 철학자들이 예술 밖의 범위에서 미적 영역이 중요하다는 것을 인식하지 못하는 것은 매우 안타까운 일입니다. 미적 영역은 예술 외적으로도 중요하며, 그것은 매우 도구적이고 기능적인 힘을 지닙니다.

3　사회적 이데올로기의 힘
코르셋에서 미니스커트까지: 과장과 왜곡의 스타일

사회는 구성원들에게 그 사회가 규정한 행동규범의 준수를 요구하며, 구성원들은 사회가 규정하는 행동규범을 따름으로써 소속감과 정체성을 갖게 됩니다. 인간은 이러한 행동규범의 준수를 위해 신체를 조정함으로써 사회에 적응하며 그 시대의 스타일을 형성하게 됩니다. 1967

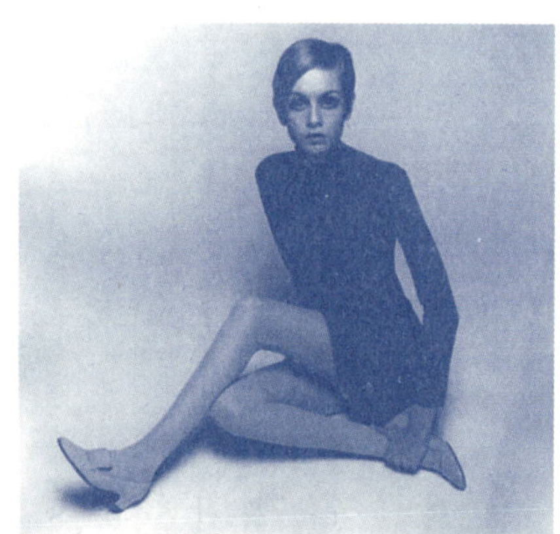

1960년대 영국의 디자이너 M. 퀀트에 의해 디자인 된 미니멀리즘 스타일로, 모델 트위기가 즐겨 착용하면서 젊은층에 큰 반향을 일으켰다.
출처: blog.naver.com

년 윤복희[8]에 의해 우리나라에 유입된 미니스커트는 유교적 사상이 지배적인 한국사회의 행동규범에 강한 거부감을 주는 과감하고 도발적인 행위로 인식되었죠. 당시 한국사회에서는 미니스커트 착용 길이의 허용범위를 법으로 규정하여 일정 수위 이상을 노출한 경우 구속하는 등 사회적 파장을 야기했습니다. 이는 사회적 행동규범이라는 제도적 장치를 통해 개인의 신체에 대한 자유의지를 억압함으로써 사회 체제를 유지하기 위한 힘의 논리가 적용된 사례입니다.

그러나 신체에 대한 억압과 과장을 통한 사회적 이데올로기에 대한 논의는 과거로부터 그 단초를 찾아볼 수 있습니다. 우리에게 익숙한 「바람과 함께 사라지다」의 스칼렛은 그녀의 허리가 18인치 반이라는 사실을 드러내는 극도로 왜곡된 스타일을 선보이면서 여성들에게 코르셋의 착용을 통한 신체적 억압을 유발했습니다. 그러나 이러한 신체적 억압과 과장을 통한 왜곡 현상은 매우 오래전부터 유래되어왔습니다. 신체를 과장되게 부풀려 왜곡한 파팅게일 스타일은 16세기 스페인의 부를 과시하는 그 시대의 사회적 아이콘이었습니다. 고래뼈로 만들어진 파니에(panier)는 옆으로 5피트나 확장되면서 문을 넓히고 마차와 의자, 테이블 등을 개조하는 사회적 이슈를 낳았습니다. 16세기부터 18세기까지 지배한 인공미 스타일[9]이 인체를 극단적으로 억압하거나 과장함으로써 개인의 신분적 우월감을 상징화했다면, 19세기 산업혁명은 부르주아들에게 새로운 스타일을 유행시키며 신분상승을 일으키는 현상을 보여주고 있습니다. 그들은 소위 '쓰리피스 정장'을 채택해 오늘날 남성복의 유래를 낳기도 하였는데, 특히 부르주아의 조끼는 경제적 풍요로 불룩해진 그들의 배를 한층 더 강조하면서 재력과 높은 신분을 나타내는 상징이 되었습니다.

---

[8] 1967년, 한국에 최초로 미니스커트를 유입한 유명한 싱어송라이터로, 첫 앨범 재킷에 미니스커트를 입은 사진을 실음으로써 국내에서 사회적 이슈를 야기했다.

[9] 루이 15세(1715-1792) 시대부터 프랑스 혁명(1789)까지 로코코 시대의 화려한 궁정문화는 다양한 사회적 규범을 만들었으며, 루이 15세의 애첩 퐁파두르 후작부인과 루이 16세의 왕비 마리 앙투아네트가 중심이 되어 과장된 헤어스타일과 드레스를 유행시켰다.

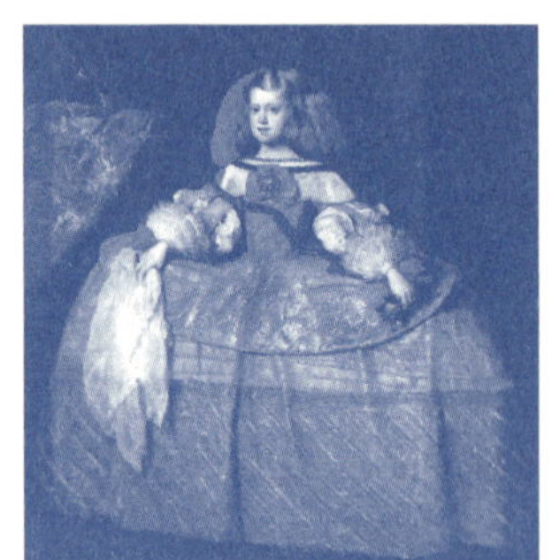

스페인 공주의 궁정복

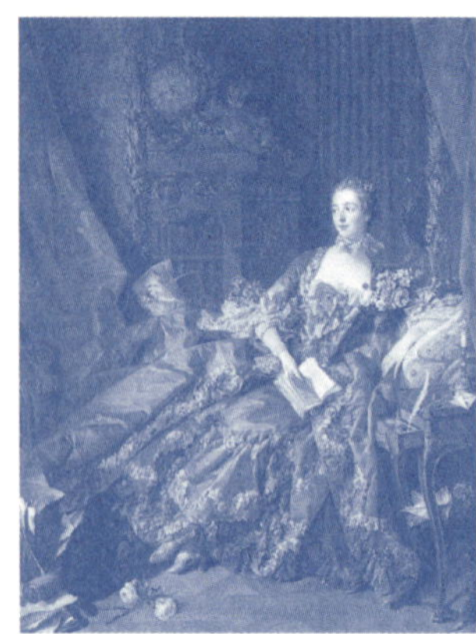

퐁파두르 부인

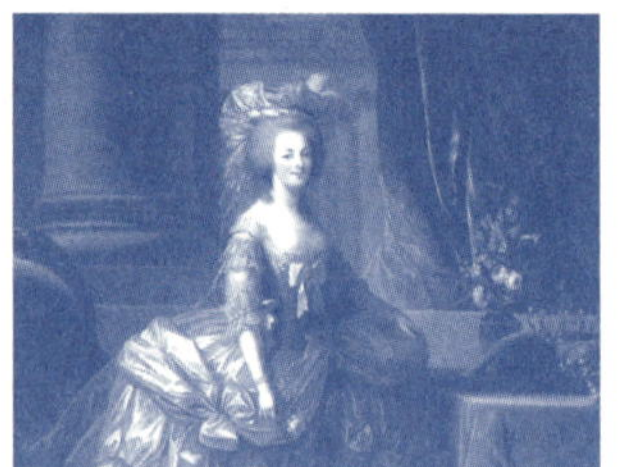

마리 앙투아네트

역사 속의 사회적 관습과 규범으로서 상징적 의미를 보여주고 있는 스타일은 신분과 계급의 사회적 이데올로기를 나타내는 강력한 도구입니다. 이와 관련하여 박사님께서 생각하시는 사회적 규범과 양식으로서의 스타일이 가지는 의미와 오늘날 사회적 이데올로기 현상으로서의 스타일의 파워에 대해 말씀해주시기 바랍니다.

옷 입는 스타일이 오늘날에도 여전히 사회적 규정의 형태로서 사용되고 있다는 것은 의심할 여지가 없습니다. 자유와 개인주의 사상을 가진 미국 같은 나라에서도 말이지요. 물론 과거에는 옷 입는 스타일을 통한 사회적 규정은 훨씬 더 분명했습니다. 길드나 조합 또는 특정한 직종(예를 들어, 빵집 주인, 재봉사 그리고 변호사 등등)에 종사하는 사람들은 구별되는 스타일의 옷으로 자신들의 직업을 나타냈습니다. 또한 하인은 자신들의 신분을 나타내기 위해 구별되는 옷을 입기도 하였지만, 특정한 주인이나 가문의 하인임을 나타내기 위해서도 구분되는 옷

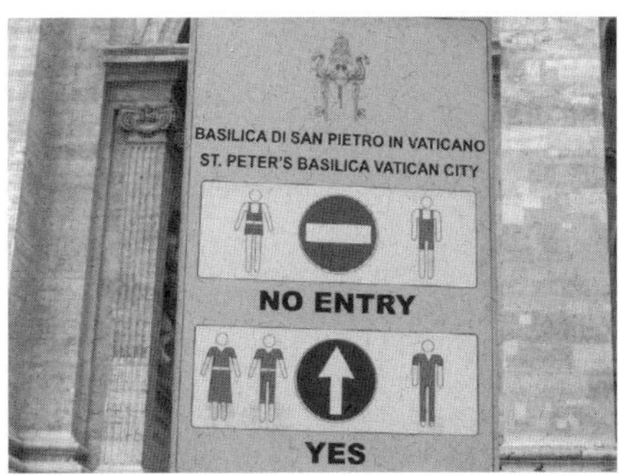

로마 바티칸의 드레스코드 표지판

을 입었습니다. 오늘날의 사회는 옷에 있어서 훨씬 더 유연하고 자유롭습니다. 하지만 경찰관, 군인, 신부 그리고 수녀 등의 유니폼을 보면 여전히 우리는 이러한 현상을 지니고 있습니다. 내가 김 교수의 이전의 질문에 답할 때 언급한 것처럼 미국사회는 개인주의적 자유의 이상을 가지고 있다고는 하지만 여전히 사회적 행사에 적절한 격식을 갖추기 위한 드레스코드가 있습니다.

이러한 드레스코드는 사회적 행사에서 기대되는 활동이나 사회적 행동의 상징이기도 합니다. 그러한 옷을 입는 것은 그 옷을 입었을 때 사람이 지니는 일반적인 태도와 행위를 상기시킴으로써 그러한 옷을 위한 적절한 태도나 행동을 촉발시킨다는 단순한 사실 때문이지요.

옷의 착용감과 룩은 사람이 자신들의 옷에서 가지는 행동의 느낌에서 머슬 메모리(muscle memory)의 종류를 자극합니다. 그것은 바로 타인이 그 옷을 입은 것을 본 것에서 얻어지는 머슬 메모리일 것입니다. 그 이유는 바로 사람들이 종종 관습을 따르려는 뚜렷한 욕구를 통해서뿐만 아니라 미러 뉴런 시스템에 의해 만들어진 단순한 모방적 메커니즘을 통해서 자신들의 행동을 타인에게 맞추기 때문입니다. 미러

뉴런 시스템이란 행동을 보는 것은 우리의 시각적 뉴런뿐만 아니라 모
터 뉴런을 활성화시킴으로써 그 행동의 자기감수적 느낌에 대한 어떤
감각을 우리에게 줍니다. 분명한 메모리의 한 형태인 머슬 메모리의 역
할은 우리의 행동 곳곳에 널리 영향을 미칩니다. 이러한 현상을 나는 새
로운 책인 『몸을 통한 사고』(*Thinking Through the Body*)에서 밝혔
습니다.

　　만약에 과거의 사회가 다양한 계급의 사람들이 입는 의상에 규율
을 정함으로써 사회적 계급주의를 보여주고 강화시켰다면, 현대의 자
본주의 사회는 의상이나 액세서리의 브랜드 네임을 가지고 비슷한 것
을 합니다. 어떤 브랜드나 라벨은 사회적인 구별을 표시하는 작업을 합
니다. 우리는 비싼 양복 또는 시계를 걸친 사람이 경제적·사회적으로
높은 지위에 있다고 생각하지요. 그리고 그러한 위치에 관련하여 그들
을 존중합니다. 이처럼 패션을 통한 사회적 규율의 형태는 아마도 다른
것보다 훨씬 더 분명합니다. 우리 사회에서 패션이 끊임없이 변해야 한
다는 사실은 사람들이 매력적이고 패셔너블하기 위해서는 항상 새로
운 제품을 사야 한다는 것을 의미합니다. 이것이 사회적으로 그들로 하
여금 계속해서 사도록 하고, 그들이 이미 가지고 있는 옷에 만족하지
않도록 통제하는 방식입니다. 왜냐하면 계속해서 새로운 옷이 만들어
지기 때문이죠. 그리고 더 나아가서 자신의 스타일에 자신감이 없으면
그들의 사회적 지위에도 자신이 없어지는 것이지요. 이것은 그들이 다
른 이들에게 어떻게 보일 것인지뿐만 아니라 어떻게 느끼는지도 해당
합니다. 이러한 사회적 통제 형태는 ─ 선전에 의하여 충전된 ─ 강력한
에너지의 하나입니다. 이것은 우리의 자본주의 사회에서 소비가 계속
해서 이뤄지도록 합니다. 물론 이것은 사람들이 어떤 패션 스타일이 주

는 아름다움이 그것이 가진 아름다움만으로는 즐길 수 없다는 것을 의미하지는 않습니다. 사람은 패션의 노예가 되지 않고도 즐길 수 있습니다. 즉, 별로 끌리지도 않고 자신의 몸에 어울리지도 않는 패션 스타일을 따라하지 않고도 패션을 즐길 수 있습니다.

4　하위문화 스타일과 권력의 양상
히피에서 힙합까지

대중문화 속 스타일은 예술적 미와 감정의 교류를 통해 타인과 공감하고 준거의 틀 속에 소통하는 비언어적 커뮤니케이션의 한 장르입니다. 문화적 커뮤니케이션으로서의 스타일은 사회적·정치적·환경적 메시지를 담으며 대중에게 자신의 정체성과 집단의 파워를 보여주고 있습니다. 1960년대에 탄생한 히피 스타일은 하위문화의 정체성을 스타일을 통해 나타내고 있습니다. 하위문화란 자신들의 정체성을 의도적으로 드러내며 억압된 내면의식이나 사회에 대한 저항의식, 윤리적 관념으로부터의 일탈 등에 대한 메시지를 신체를 통해 격렬하게 사용한 문화 범주입니다. 1960년대 히피의 키워드는 젊음, 저항, 베트남전, 핵 공포 등으로 기성세대에 대항하며 정치·경제·사회의 변혁을 관능적이며 강렬한 록 음악과 재즈로 표출하였습니다. 그들은 성에 대한 고정관념을 파괴하는 신체 행위로 나체주의를 추구하였으며, 남녀가 동일한 헤어스타일과 의복의 공유로 이후 유니섹스 스타일을 탄생시키기도 했습니다. 그들의 스타일 중 가장 전형적인 에스닉풍 신체장식(인디언풍의 헤어밴드, 가죽끈, 동양풍의 꽃, 프릴 등)은 사회에 대한 불만을 자연으로의 회귀로 대체시킨 스타일이죠. 한편 히피문화의 경건한 지식주의를 비판하며 등장한 70년대 펑크 스타일은 가장 강력한 하위문화의 아이콘으로 반체제적 이념을 지향하는 스타일입니다. 그들은 찢어진 청바지와 티셔츠, 가죽재킷, 기괴한 머리스타일, 피어싱, 타투(tattoo), 보디페인팅 등 신체의 왜곡을 통해 저항적 메시지를 표현하였죠. 펑크 스타일의 대표적 디자이너인 영국의 비비안 웨스트우드는 신체에 대한 '아름답거나 추하거나'라는 가치를 부정하고 섹스 피스톨즈 같은 록 음악과 함께 펑크 스타일을 전 세계에 확산시켰습니다.

전통적인 관습과 체제에 대한 저항운동으로 기존의 질서와 균형 잡힌 미에 대한 고정관념을 파괴한 하위문화 스타일은 소수집단의 좌절과 분노, 공포, 절망 등을 스타일로 표현하면서 탈권위적인 권력의 양상을 보여주고 있습니다. 박사님께서는 기성 문화체제를 거부하는 하위문화 스타일의 신체적 왜곡현상을 스타일의 측면에서 어떻게 보시는지요? 나아가 하위문화 스타일과 함께 탄생하는 반체제적 음악 장르의 형태가 신체와 어떤 유관성을 갖고 있다고 보시는지요?

내가 논문에서 논한 것처럼 소마틱 스타일은 단순히 외적이고 표상적인 문제가 아닙니다. 그것은 우리의 삶의 형태를 이끄는 인간의 중요하고 깊은 가치와 원리를 표현합니다. 또한 소마틱 스타일은 우리의 내적인 느낌과 태도의 표현이기도 합니다. 음악은 물론 그 느낌과 태도의 표현에서 소마틱 스타일을 공유합니다. 음악 그 자체는 몸적인 활동입니다. 악기는 몸을 통하여 연주됩니다. 그리고 우리는 음악을 몸의 감각과 움직임을 통하여 경험합니다. 그러므로 소마틱 스타일과 음악 스타일이 깊이 관련한다는 것은 놀라운 일이 아닙니다. 이것은 히피문화나 펑크 컬처뿐만 아니라 힙합, 헤비메탈 그리고 컨트리 뮤직에서도 마찬가지입니다.

　　나는 히피문화와 펑크 컬처의 소마틱 스타일이 저항의 메시지를 표현하고 성립된 사회적 가치에 반대되는 가치를 전파했다는 당신의 의견에 동의합니다. 히피 스타일은 낮은 계급의 사람들에게도 적용되지만 잘 교육받은 상류층에서도 많은 사람이 히피문화에 참여하였습니다. 미국문화에서 종종 문화적 가치가 매우 다른 대중음악문화나 정치와 결합한다는 것은 흥미롭습니다. 예를 들면, 랩과 컨트리 음악 문화가 그렇다고 할 수 있지요. 전자의 음악문화와 소마틱 스타일은 주류적 사회적 가치와 정치적 관점에 저항하지만, 컨트리 음악은 그것의 가치와 정치적 성향이 보수적이라는 점에서 매우 주류적입니다. 카우보이 스타일 같은 서양식 옷을 봐도 보수적인 것이 드러나지요. 왜냐하면 이제는 진짜 카우보이는 없기 때문입니다. 카우보이라는 직업이나 그런 라이프 스타일은 오래전에 이미 사라졌습니다.

　　나는 대중음악 스타일 표현과 그들의 소마틱 스타일이 위험하다고는 생각하지 않습니다. 사람들은 저항할 공간이 필요합니다. 그러나 모

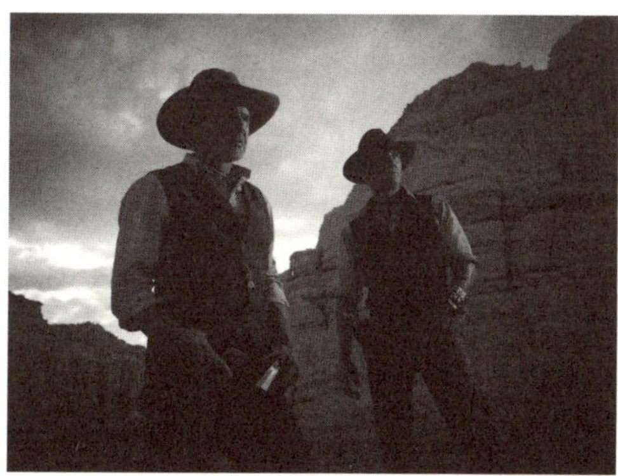

카우보이 스타일

든 스타일이 저항 스타일은 아닙니다. 더 나아가 그러한 음악문화를 통해 새로운 패션과 단어들이 우리의 문화에 전체로서 흡수됩니다. 1980년대 주류 미국인에게 아무런 의미도 지니지 못했던 랩 음악의 단어들이 지금은 모두에게 이해되거나 사용되고 있으며, 미국의 단어를 더욱 풍부하게 하였습니다. 미국 같은 다원적인 사회에서 사람들은 스스로를 다양한 방식으로 표현하고 싶어 하며 새로운 스타일을 실험하고 싶어 합니다.

그것을 억누르는 것은 아마도 불가능할 것이며, 오히려 그 움직임을 촉진시키기만 할 것입니다. 물론 이것은 우리가 문제가 있다고 생각하는 그러한 문화들의 관점에 대한 비판을 방해하지는 않습니다. 이 생각은 대중문화에서의 개선주의라는 나의 이론과 일치합니다. 즉 대중문화는 건설적인 비판을 필요로 한다는 것인데, 이것은 대중문화가 발전할 수 있어야 한다는 것과 미적·사회적으로도 진정한 가치를 지닐 수 있다는 것을 주장합니다.

5　성 담론과 권력 메커니즘의 형태
여성, 남성 그리고 제3의 성 드랙 스타일

신체를 성으로 표현한 성적 담론에서 여성은 긍정과 부정의 양가적 입장에서 평가되어왔습니다. 여성의 양극화된 이미지는 기독교적 관점에서 그 유래를 살펴볼 수 있습니다. 서구 문학에서는 종종 이브의 엉덩이까지 내려오는 굽실거리는 긴 머리카락 이미지와 아담을 유혹하듯 바라보는 몸짓을 죽음과 타락의 이미지로 묘사하는 반면, 성모 마리아의 이미지는 재생의 신성한 이미지로 상앗빛 피부에 청회색 옷을 입은 모습으로 묘사됩니다.

『제2의 성』[10]에서 보부아르는 여성의 이미지를 "유아기 때는 어머니의 육체로부터 관능적인 애착을 느끼지만 성장하면서 두려움을 갖게 된다"는 표현으로 여성과 어머니의 이미지를 양분화시켜 묘사하였습니다. 또한 남성은 스스로 주관적인 의식을 할 수 있다는 측면의 정신적 우월성을 강조하는 반면, 육체적 관련이 깊은 여성에 대해서는 자기와 다른 타자로 인식함으로써 양극화된 여성의 이미지를 주장하고 있습니다. 이러한 여성성에 대한 양극화된 논리는 남성의 우월적 권위를 은유적으로 표현한다고 볼 수 있습니다. 그러나 1960년대 이후 성에 대한 인식 변화와 동성애에 대한 사회적 관심은 여성성과 남성성이라는 양극화된 성적 고정관념에서 양성성이라는 제3의 성에 대한 개념을 가시화시켰습니다.

이러한 성 담론의 흐름에서 권력의 메커니즘은 패션을 통해 극명하게 살펴볼 수 있습니다. 패션은 몸을 통해 여성성, 남성성, 제3의 성 등 성과 젠더에 관련된 정체성을 드러내고 있기 때문입니다. 패션은 권력의 상징으로 여성들에게 매니시(비즈니스 슈트, 모조 넥타이, 서류 가방 등)한 남성 스타일을 차용하도록 유도했으나, 남성은 여성의 복장을 차용하지는 않고 있습니다. 속옷으로 여성의 신체라인을 강조한 페미닌 스타일이나 전쟁 때 군인들에게 인기 있었던 핀업걸[11]의 섹슈얼리티한 이미지는 남성의 권력 메커니즘을 상징적으로 표현한 스타일입니다. 패션을 이용해 변태적 성적 취향을 만족시키고자 생겨난 페티시 스타일[12]은 19세기 말 빅토리아 왕조의 억압적인 성 도덕에 반발하여 생겨

---

[10] Beauvoir, Simone de, *The Second Sex*. Trans. And Ed. H. M. Parshley (New York: Bantam, 1952)

[11] 풍만한 상반신과 긴 다리, 어깨 노출을 통해 섹스의 여신 이미지로 유명한 진 할로와 금발머리, 도발적인 입술, 하이힐 등 고혹적이고 관능적인 섹스 심벌의 이미지 메릴린 먼로 등.

[12] 검은색 코르셋과 긴 장갑, 뾰족한 힐 등 속옷에 디자인 요소를 사용한 언더웨어 페티시가 대표적 스타일로, 본디지 의상, PVC 소재, 노출 등의 요소가 특징임.

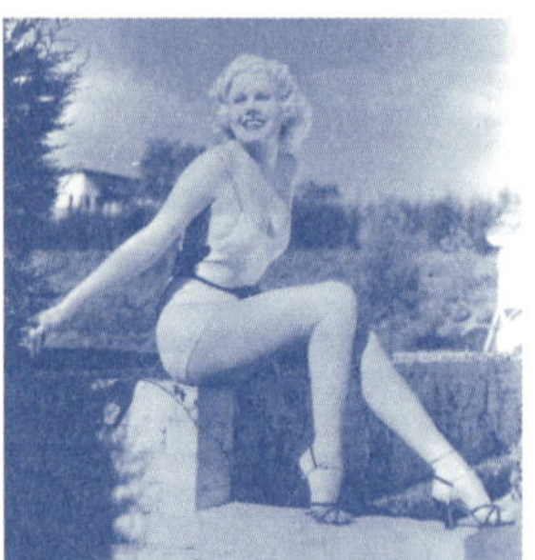

진 할로의 핀업걸 사진
출처 : blog.naver.com

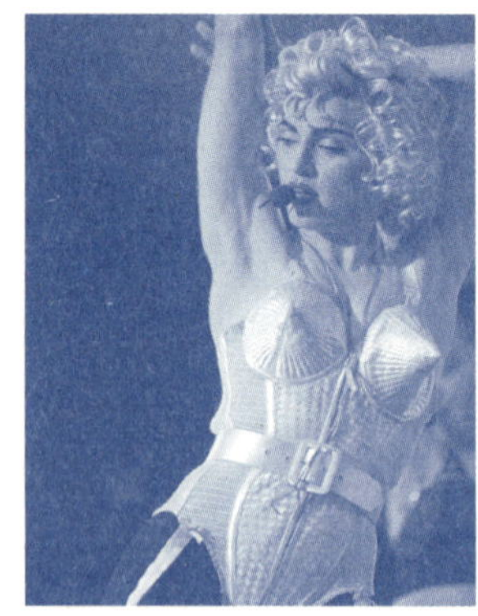

장 폴 고티에의 전위적 페티시 룩 룩브라를 착용한 마돈나
출처 : blog.naver.com

나 대중문화 속에 전파되며 기존 질서로부터 탈피하여 퇴폐적인 이미
지를 패션으로 표현하고 있습니다.

남성성의 이미지는 영화를 통해 상징적인 성적 관념을 통찰해볼
수 있습니다. 케리 그란트, 클라크 케이블은 보수적인 슈트로 유능함과
남자다움을 표현하는가 하면 각진 어깨의 슈트와 모자, 트렌치 코트,
실크 소재, 과도한 색채조합, 액세서리 장식, 스트라이프 정장 등 자기
찬미와 허영의 과장된 스타일로 대표되는 갱스터 룩은 남성의 물질적
성공을 드러내는 기호로써 종종 도용되어왔습니다.

제임스 딘과 말론 브란도가 착용한 티셔츠와 가죽재킷은 섹슈얼
리티한 근육질의 남성다운 성적 관념을 표현하고 있으며, 브루스 웨버
는 캘빈 클라인의 광고사진을 통해 남성의 에로틱한 이미지로 인간의
내재된 욕망을 표현하였습니다.

그 외에도 영화에 나타난 남성성의 이미지는 「American Gigolo」
의 리처드 기어처럼 자아를 추구하기 위해 외모를 가꾸는 나르시시즘
적인 남성성, 존 웨인, 실베스터 스탤론, 아널드 슈워제네거 등 강하며

용감하고 공격적인 남성성의 이미지를 상징적으로 드러내고 있습니다.

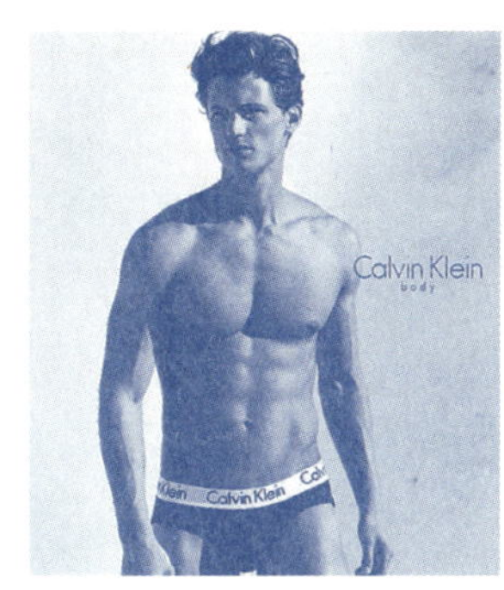

브루스 웨버의 켈빈 클라인 광고사진
출처: blog.daum.net

　1960년대 이후 성에 대한 인식 변화와 동성애 인권운동의 확산으로 표현된 제3의 성 이미지는 크로스드레싱(이성의 옷을 입는 행위)이라는 스타일을 통해 제3의 성 이미지를 대중에게 인식시키는 단초를 제공하고 있습니다. 그 후 페미니즘의 발전과 동성애 정체성의 표출로 제3의 성은 다원화된 양상으로 가시화되면서 양성성(두 개의 성이 하나의 형태로 공존)의 에로티시즘을 통해 성 메커니즘의 다양화를 꾀하였습니다.

　무대에서 활동하는 동성애자 연예인이 착용한 이성의 복식인 드랙 스타일(drag style)은 여성성의 아이템을 과도하게 사용하여 본래의 남성성을 강조하는 유희적 형태입니다. 이는 과장된 눈썹과 립라인, 헤드드레스와 노출이나 피트 된 실루엣을 통해 전형적이고 인공적인 여

「크라잉 게임(The Crying Game)」, 1992
출처: wiki.susans.org

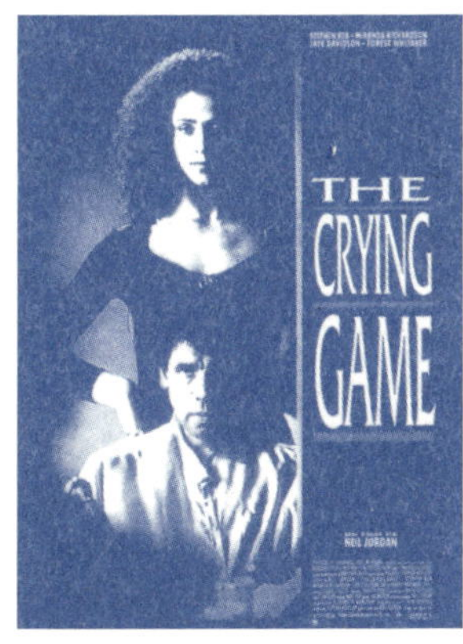

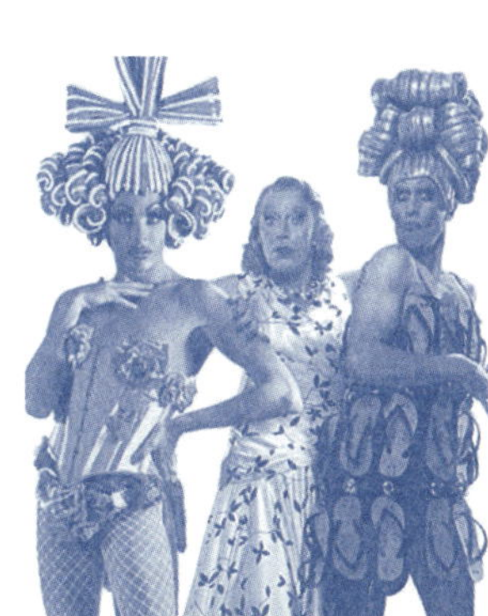

Adventure of Priscilla, Queen of Desert, 1994
출처: freshlysocial.com

성성을 가시화하며 허구적인 이상으로서의 여성성을 표현한 성 메커니즘의 한 형태입니다.

박사님께서는 성 담론으로서 여성성, 남성성, 제3의 성에 대한 권력의 메커니즘을 어떻게 보시는지 궁금합니다. 또한 몸을 통해 여성성, 남성성, 제3의 성 등 성과 젠더에 관련된 정체성을 드러내고 있는 복식 스타일의 성적 메커니즘 현상에 대한 견해를 듣고 싶습니다.

이것은 흥미롭고 복잡한 이슈입니다. 당신이 남성과 여성에게서 기대되는 소마틱 스타일이 매우 달랐다는 것을 지적한 것은 매우 옳습니다. 여성스러움과 남성스러움은 내가 성적 스타일을 논하는 데 있어서 언급한 두 종류의 가장 기본적인 스타일입니다. 그러나 당신의 질문은 하나 이상의 매력적인 남성적 스타일과 여성적 스타일이 있다는 것을 명확하게 지적하였습니다. 남성적 힘을 나타내는 스타일만 보더라도 다양합니다. 비즈니스맨은 실베스터 스탤론이나 젊은 시절의 아널드 슈워제네거처럼 근육을 보일 필요없이 자신의 강한 남성성을 나타낼 수 있습니다. 그의 잘 재단된 양복과 자신감이 넘치는 방식으로 타인에게 말하거나 행동으로 자신의 힘을 나타냅니다. 또한 비즈니스 파워를 보이고 싶어 하는 여성의 바지 정장은 비즈니스와 정치계에서 힘을 잃은 여성적 스타일을 피하여 남성의 스타일을 연상시키곤 합니다. 바지 정장은 미국에서 여성 학자와 변호사 등에도 매우 대중적입니다. 때때로 여성은 바지 정장이 더 편하다고 하지만, 성공한 남성처럼 보임으로써 자신들의 여성스런 외모를 중성화시키고 더 강하게 보이도록 하기 위해서라고 주장하는 이도 있습니다. 또한 전통적으로 남성성과 연관되어왔던 파워 이미지를 보이기 위해 매우 튼튼한 근육을 만든 여성 보디빌더도 있

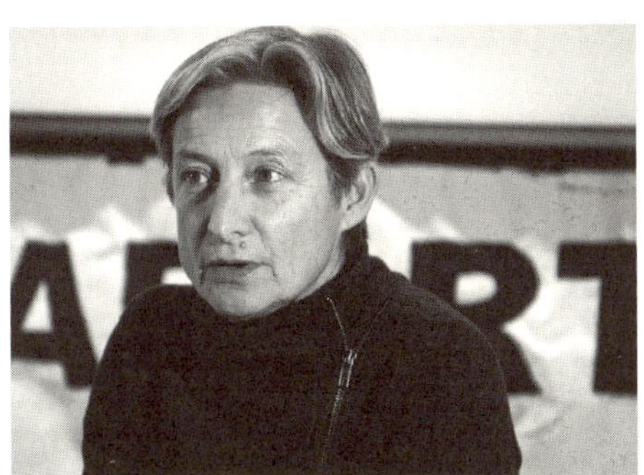

매니시한 스타일로 유명한 철학자 주디스 버틀러

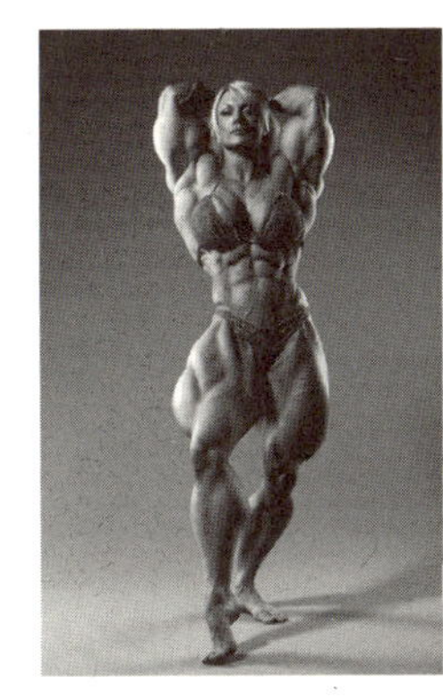

여성 보디빌더

습니다.

이것은 그런 것이 필요한 사람들을 위해 유용한 옵션입니다. 그리고 여성에게 건강하고 날씬한 몸을 지니는 것은 확실히 중요합니다. 그러나 그것은 남성 보디빌더와 같이 큰 근육을 키우는 것을 의미하지 않습니다. 남성에게조차 우리는 강력한 소마틱 스타일이 큰 근육을 필요로 하지 않는다는 것을 볼 수 있습니다. 나는 여성과 남성이 패션과 소마틱 스타일을 단순히 성립된 관습에 맞는 것만이 아니라 취미에서 판단 능력을 보이기 위하여 사용할 수 있다고 생각합니다. 취미에서 그들이 옳은 판단을 할 수 있기 때문에 좋은 취미를 가졌다는 것으로 보이는 것이죠. 나는 좋은 취미에 대한 판단을 할 수 있는 힘이 성별에서의 힘이라는 오래된 개념에 제한되지 않는 카리스마적 파워를 지닐 수 있다고 생각합니다. 좋은 취미를 판단할 수 있는 능력은 물론 미적 감성과 훈련을 필요로 합니다. 현대사회에서 훨씬 더 많은 모호성이 성과 성 이미지에 존재합니다. 예를 들어, 남성과 여성의 매력적인 스타일에서도 훨씬 다양화되었습니다. 여성 운동선수는 운동으로 단련된 하나의 방식으로 매력적입니다. 반면에 섬세함과 연약함에서 매우 매력적인 여성도 있습니다. 남성은 울퉁불퉁함과 육체적으로 눈에 띄는 비율을 통해 매우 매력적일 수 있습니다. 또한 부드러움과 다정함 또는 순수한 소년스러움을 통해 매력적일 수도 있습니다. 또는 매우 세련된 지적 스타일이나 스타일을 전혀 신경쓰지 않은 도인 같은 스타일을 통해서도 매력적일 수 있습니다.

앞에서 언급한 것처럼 젠더 이슈는 매우 복잡합니다. 당신은 제3의 성이 양성성이나 유니섹스 패션의 문제라고 생각하는 것처럼 보입니다. 역사적으로 제3의 성은 남성의 호모섹슈얼리티에 적용되었습니다. 사실, 당신이 시몬 드 보부아르를 인용하였기 때문에 다음과 같은 말을 해야겠습니다. 보부아르는 나의 책『몸의 의식』에서 한 장을 할애하여 다룬 작가이기도 하지요. 그녀는 당시 여성의 상태에 대해 서술한 자신의 책인『제2의 성』의 제목을 자신의 연인인 사르트르와의 대화를 하면서 찾아냈습니다. 그 당시 프랑스에서는 호모섹슈얼인 사람들을 '제3의 성'이라고 하였지요. 그래서 보부아르는 여성이 아마도 제2의 성일 것이라고 말한 것입니다. 왜냐하면 우리 사회에서는 남성이 제1의 성으로서 특권을 누리고 있기 때문이지요. 젠더와 성에서의 그녀의 관점은 우리가 오늘날 지니고 있는 것보다 덜 유동적이었습니다. 그리고 그녀는 그 시대의 패션이 여성의 약함을 촉진한다며 비판하였습니다. 그러나 그녀는 패션 또는 소마틱 스타일을 변화시키는 것이 여성의 문제를 해결하는 것이라고 생각하지는 않았습니다. 그녀는 정치적 또는 경제적 변화가 여성의 현재 상태를 개선하는 유일한 방법이라고 주장하였습니다. 여성 자신의 원래 몸과 스타일을 가지고 일하려 애쓰는 것은 단지 과거 여성의 몸의 이미지로 후퇴하는 것일 뿐이라며, 그것이 여성이 억압당하는 많은 문제에 대한 책임을 지닌다고 생각한 것이지요. 내가 『몸의 의식』에서 논한 것처럼 그녀가 패션을 포함한 개인의 소마틱 스타일링을 창의적으로 사용할 수 있는 여성(그리고 남성)의 힘을 얕잡아 보았다고 생각합니다. 자신의 능력, 자신감 그리고 자신의 몸(패션에서도 드러나는 외모를 포함하여)을 개선하는 노력은 매일매일의 삶의 상태를 개선하는 데 도움이 될 뿐만 아니라 그러한 개인의 개선을 통해 자신감, 위치, 경제력에서 무력한 그룹을 하나로 하여 핵심적인 정치력과 경제력을 재구성할 수 있습니다. 보부아르는 그것이 필요하다고 생각하였지요. 그리고 그것은 단지 한 개인의 스타일링에서의 노력보다 분명히 더 핵심적인 영향을 지닙니다. 그러나 덜 중요한 것이 중요하지 않다는 것을 의미하지는 않습니다. 내 생각에 정치적 개선은 방식의 다양성을 요구합니다. 그리고 소마틱 스타일의 역할이 항상 정치에 사용되어왔기 때문에 그것은 여전히 현대에도 한 개인의 소마틱 스타일보다는 대중에게 큰 영향을 미치는 정치의 모범이면서 '진정한' 형태인 입법의회에서 유용하게 사용되고 있습니다.

[참고문헌]
• Beauvoir, Simone de. *The Second Sex*. Trans. and Ed. H. M. Parshley. New York:
      Bantam, 1952
• Budgen, Frank. *James Joyce and the Making of Ulysses And Other Writings*. London:
      Oxford UP, 1972
• Branden Bruce. *Image of Power*, Seoul: CommunicationBooks, 1998, 18-19.
• Morrison, Toni. *The Bluest Eye*, New York: Washington Square Press, 1970
• 사진 출처: http://www.google.co.kr

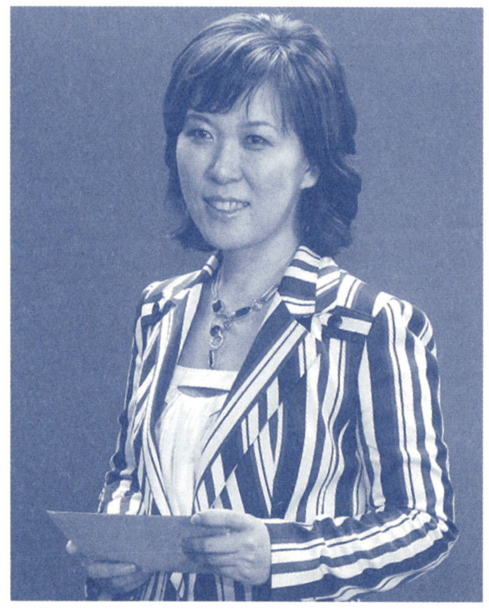

김미경

– 현 숙명여자대학교 숙명리더십역량개발센터 교수
– 전 광주여자대학교 패션디자인학과 교수
– 한국패션비즈니스학회 이사

[이미지리더십 강의]
한국경제신문 Hi CEO, 동국대학교 최고지도자과정, 국방대학교
대학원, 서울대학교 AMP 조찬 특강, 여성공무원, 서울시,
안양시, 코레일, 크라운, 해태제과 등 다수

[논문]
「CEO의 이미지가 브랜드 가치에 미치는 영향」, 「효과적인
퍼스널 이미지 구축을 위한 브랜딩 전략」, 「리더의 스타일에
표현된 패션 폴리틱스 현상이 대중문화에 미치는 영향」 등 다수

로봇과 스타일
Robot and Style

김명석, 정진영, 김윤경, 정영욱
(카이스트 산업디자인학과
김명석 교수 연구실)

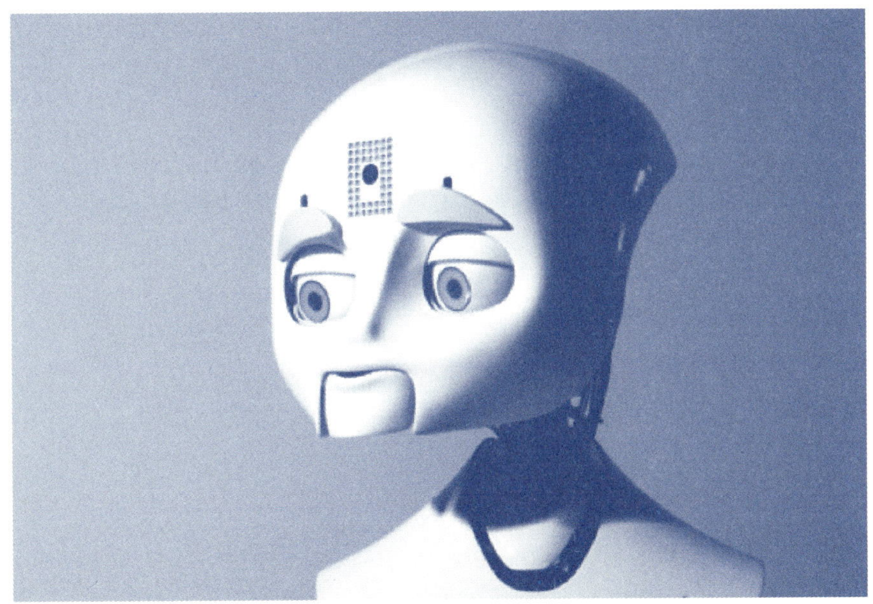

Nexi: The MDS(Mobile/Dexterous/Social) Robot, MIT
Media Lab., 2008
넥시(Nexi)는 인간을 닮은 외형과 감정 표현을 통하여 사용자와
사회적으로 소통할 수 있도록 고안된 로봇이다. 인간-로봇
인터랙션 연구의 주된 질문은 이런 로봇이 얼마만큼 인간스러움
혹은 로봇스러움을 나타내는 것이 사용자인 인간 입장에서
바람직한가를 밝히고 제안한다.

이 장의 테마: 사용자 중심 로봇 디자인

로봇이라는 주제는 이 책이 다루는 여러 가지 소주제들에 비해 가장 역사가 짧고, 달리 말하자면 미래지향적이다. 청소로봇을 제외하고 아직 로봇은 일반 사용자를 위한 제품(End-user product)으로 양산되지 않고 있으며, 주로 실험적인 연구소재 단계에 머물러 있다. 인간과 로봇이 공존하는 일상은 여전히 SF 영화, 우리의 상상이나 실험결과를 통해서만 어렴풋이 보이고 있다. 따라서 우리는 로봇 디자인이 앞으로 나아가야 할 방향을 모색하는 연구를 하고 있으며, 이것을 사용자 중심의 인간-로봇 인터랙션 디자인(User-centered HRI: Human Robot Interaction Design)이라 부른다(Oh and Kim, 2007; Kim etal. 2010). 이제까지 로봇 자체의 능력 고양에만 관심이 있었던 로봇 중심의 인간-로봇 인터랙션 디자인(Robot-centered HRI Design)과 구별되는 개념으로 사용자의 다양한 필요 및 요구를 사용자에게 친근한 방식으로 충족시킬 수 있는 로봇을 디자인하기 위해 사용자를 더 깊게 들여다보는 연구를 말한다. 우리가 정의하는 로봇은 지각, 인식, 행동하는 특성을 지닌 독립적인 존재이기 때문에 인간의 지각, 인식, 행동과 비교, 대조되며 조화롭게 어울리는 로봇 고유의 특징들이 연구의 흥미와 가치를 더한다(Kim and Kim, 2005). 이와 관련된 주요 디자인 이슈들을 다섯 가지 질문의 형태로 묻고자 한다.

1 로봇 스타일의 발아

로봇의 어원은 '노동, 노예'를 뜻하는 체코어 '로보타(robota)'이며 이는 카렐챠페크(CarelČapek)의 희곡『로썸의 만능 로봇』(Rossumovi univerzální roboti, 1920)에서 최초로 사용되었습니다. 어원에서 알 수 있듯이 로봇은 인간의 육체적 노동을 대신하기 위해 전체 혹은 부분적으로 인체구조를 모방하는 형태로 고안되기 시작했습니다. 최근 수년간 로봇의 능력을 인간과 대등한 수준으로 만들기 위한 끊임없는 기술 진보가 이뤄지고 있습니다. 인간의 오감을 구현하기 위한 각종 센서와 인공지능 프로그램을 비롯하여, 인간처럼 두 발로 걷고 뛸 수 있는 이족보행 로봇 아시모, 인간의 손가락처럼 다양한 형태의 물건을 알맞게 집을 수 있는 손을 가진 휴보 2 등 정교한 인체 활동이 가능한 휴머노이드 로봇들이 등장하고 있습니다. 심지어 인간의 발성기관을 모방하여 인간처럼 발음하는 로봇(와세다토커 WT-5, WT-7)도 소개된 바 있습니다(Fuyuki, et al., 2005).

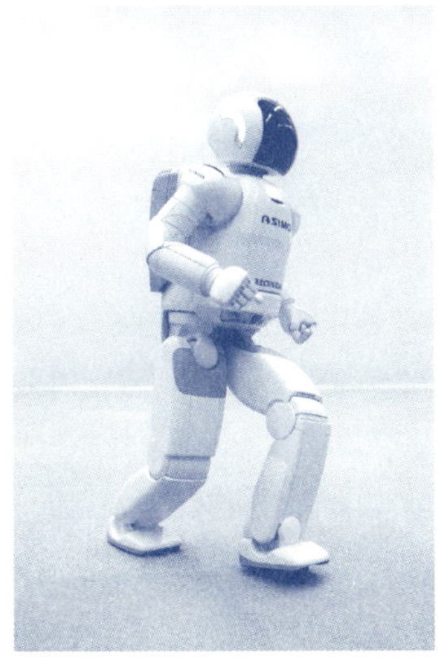

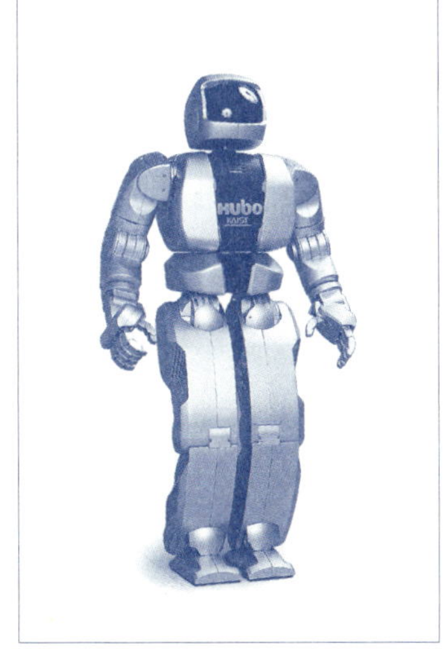

　　이렇게 형태와 구조상 인간을 닮은 로봇은 기존에 인간이 사용하던 시설이나 도구를 동일한 방법으로 사용할 수 있으므로 인간의 삶에 좀 더 쉽게 융화될 수 있을 것으로 기대됩니다. 하지만 유기체인 인간의 태생과는 달리 로봇은 디지털의 특징을 강하게 가지므로 무작정 인간을 따라 하는 것이 비효율적 혹은 비논리적인 경우도 있지요. 예를 들어 다른 컴퓨터와 직접 무선통신을 할 수 있는 로봇이 정교한 손가락을 가지고 키보드를 능수능란하게 치며 그 컴퓨터를 사용하는 모습은 아이러니하지 않을까요? 즉 로봇이 인간을 닮아야 할 당위성에 대해서 유심히 생각해볼 필요가 있습니다. 이를테면 비행기의 날개는 새의 날개로부터 영감을 받았으나 그 재질이나 움직임까지 모방하고 있지는 않습니다. 그렇다면 로봇을 개발할 때 인간의 내적 혹은 외적 스타일을 모방하는 것은 어떤 기준에서 바르게 수용될 수 있으며, 모방에서 경계해야 할 점은 무엇일까요?

첫 번째 질문에 대답하기 전에 신체미학 연구에서 로봇 연구를 매우 중요한 주제로 생각하고 있다는 점을 밝히고 싶습니다. 왜냐하면 로봇 연구의 신체미학적 접근은 로봇 디자인과 사용에서의 첨단기술의 영역뿐만 아니라 인간의 몸에 대한 개념과 그것이 어떻게 사용되고 다뤄졌는지를 이해하는 데도 매우 흥미 있는 고찰이 가능하기 때문입니다. 이는 아마도 서양철학에서의 몸의 개념이 로봇의 개념과 근본적인 유사성이 있기 때문일 것입니다. 당신은 '노동'이나 '노예'를 뜻하는 체코어에서 로봇이 유래되었다고 하였는데, 달리 말하면 인간의 의지나 요구에 종속된 노동의 도구라고 정의할 수도 있을 것입니다. 그것은 인간의 몸을 영혼이나 마음과 동일한 것으로 간주하며 인간의 의지에 종속된 노동의 도구로 보았던 고대 그리스의 몸의 개념과 매우 비슷합니다. 고대 그리스어의 툴 또는 도구는 '오르가논(organon)'입니다. 이 말은 영어로는 장기기관 또는 유기체를 의미하며 몸과 깊이 관련되어 있습니다. 플라톤의 알세바이디「대화편」을 보면, 소크라테스는 그 이유를 도구의 사용자와 사용되는 도구의 본질적인 차이 때문이라고 주장합니다. 그리고 사람은 자신의 몸을 툴이나 도구로서 사용하기 때문에 몸은 사람의 진정한 자아의 한 부분이 될 수 없다고 생각하였습니다. 왜냐하면 몸을 사용하는 사람과 사용되는 몸 사이에는 차이가 있어야 한다고 생각하였기 때문이죠. 그것은 또한 도구로서의 몸의 사용자와 그 도구 자체의 본질적인 차이를 나타내기도 합니다. 이상주의자였던 플라톤은 몸이 우리를 완전한 지적인 형태의 이상 세계에 도달하는 것을 방해한다고 비판하였습니다. 왜냐하면 몸은 감각적 지각으로 사실을 왜곡하며, 통제되지 않는 열정이 우리의 이성을 일그러뜨리고 우리의 영혼과 윤리를 타락시킨다고 생각했기 때문입니다. 그는 몸이 도구이기는 하지만, 문제가 많고 통제되지 않는 도구라는 것을 깨달았습니다. 후에 루소는 몸을 시종자로, 영혼을 지배자로 보는 플라톤의 생각을 물려받아 전개하였습니다. 그러므로 여기서 우리는 로봇이 주인을 위해 일하는 노예이거나 도구라는 차원을 찾을 수 있습니다. 우리는 이러한 로봇의 기계적 차원을 서양의 몸의 이론에서도 찾을 수 있습니다. 데카르트는 본질적으로 몸을 기계로 간주하였으며, 몸은 사람의 본질적인 정체성을 전혀 지니지 않는다고 생각하였습니다. 사람은 마음이나 영혼이며, 그것이 몸이라는 집에 기거하고 있다고 본 것이지요. 많은 철학자가 이 이론을 '기계 속의 영혼'이라고 묘사하였습니다. 나의 신체미학적 이론은 이러한 이상주의적인 이원론적 전통에 반대합니다. 나는 몸을 분리된 마음을 위해 봉사하고 만족시키는 단순한 기계적 툴이나 도구로 보지 않습니다. 대신에 나는 몸을 느끼고 지각하는 존재자라고 생각합니다. 나는 그러한 지각하는 존재자는 몸-마음(body-mind)의 통합체이며, 그것을 단순한 기계적이고 도구적인 것에서 구별하기 위하여 '소마'라고 부르고 있습니다.

지금까지 우리는 몸과 로봇 개념의 유사성을 살펴보았는데요. 여기서 다시 처음의 질문으로 돌아가볼까요? 만약에 로봇이 인간이 사용하는 도구나 노예라면 우리가 디자인한 로봇의 스타일은 우리가 그 도구를 무엇에 사용하고 싶어 하는지에 달려 있을 것입니다. 우리가 가지고 싶어 하는 몸이 스스로 몸을 어떻게 사용하려는지에 의존하는 것처럼 말이죠. 만약 우리가 육체적인 힘과 무시무시한 완력을 드러내는 것으로부터 스스로를 보호할 수 있는 몸을 원한다면 우리는 매우 인상적이고 근육질의 스타일로 그것을 만들려 할 것입니다. 만약 우리가 귀엽고 다정스럽고 전혀 위협적이지 않은 몸을 원한다면 우리는 또 다른 스타일의 몸을 만들 것입니다. 이것은 단순한 추론이 아닙니다. 군대에서 몸은 매우 강하고 튼튼하게 훈련됩니다. 이것은 단지 강하고 튼튼해 보이는 것뿐만 아니라 그들을 강하고 거칠고 비타협적으로 행동하게 합니다. 반면 다른 직종에서 몸은 부드럽고, 다정하고, 유연하게 스타일됩니다. 그러면 그들의 몸을 통한 행실과 제스처 역시 그렇게 되는 것이지요.

이것이 로봇 디자인에도 적용될 수 있을까요? 만약 우리가 전사 로봇을 원한다면 위협적인 소마틱 스타일의 엄청나게 커다랗고 육중한 로봇을 만들 것입니다. 만약 우리가 주방장 로봇을 만든다면 또 다른 소마틱 스타일을 원하겠지요. 만약에 우리가 베이비시터의 역할을 할 로봇을 원할 경우에도 역시 다른 스타일의 로봇을 만들겠지요. 만약에 로봇이 너무 크다면 아이들이 자신의 부모를 덜 공경하게 될지도 모르죠. 왜냐하면 아이에게 부모는 그 로봇에 비하면 작게 보일 테니까요.

2　인간 형상을 지닌 로봇과 인간의 커뮤니케이션

인간 사이의 소통 채널은 기술의 발전에 맞추어 끊임없이 진보되고 있습니다. 편지에서 전화로, 각종 인터넷 메신저 및 화상 회의, 소셜 네트워크에 이르기까지 이제 소통은 시간과 장소를 뛰어넘어 우리의 귀와 눈에 와 닿습니다. 그리고 예상하건대, 기술은 우리의 촉각적이고 물리적인 부분까지도 시공을 초월시킬 준비를 하고 있습니다. '텔레 프레젠스(Tele-presence)'라 불리는 이 개념은 사용자와 원거리에 있는 물리적으로 구현된 컴퓨터를 통하여 마치 그 장소에 실제로 있는 듯한 느낌을 제공하고, 바로 그곳에서 특정 작업까지 수행할 수 있게 하는 것을 의미합니다(Minsky, 1980). 비록 현재의 어플리케이션은 인간의 위험을 대신하는 용도로 무인 정찰기, 지뢰 탐지 탱크 로봇 등 기계적 형태를 띠고 있지만 장차 사회적 소통을 목적으로 한 모바일 프레젠스(mobile-presence) 로봇이 등장할 것입니다. Lee, et al.(2009)은 비디오 컨퍼런스를 위해 고안된 모바일 로봇 플랫폼이 참여자들에게 더 생동감 있고 영향력 있는 소통의 방식을 제공했음을 밝힌 바 있습니다.

　더 나아가 특정 인간이 자신의 스타일을 반영하는 텔레 프레젠스 로봇을 사용한다면 원거리에 있는 타인에게 자신의 존재감을 더 효과적으로 전달할 수 있을 것입니다. 키슬러 연구팀(Kiesler et al., 2004)

이 인간이 사물에게 자아의 확장(self-extension)을 형성하기 위해 의인화된 이미지를 자연스럽게 부여하는 것을 밝힌 바 있듯이, 의인화된 로봇은 인간의 이미지를 형체적으로 반영(embodied representation)하기에 유리한 조건을 갖추고 있다고 할 수 있습니다. 그것이 가능하다면 어떤 장단점이 있을까요? 이와 관련된 극단적인 시나리오로 영화 「써로게이트」(Surrogate, 2009)는 각 사람의 스타일에 따라 정밀하게 제작된 안드로이드 로봇, 써로게이트를 사용하는 인간들 사이에 일어나는 다양한 사회적 이슈들을 흥미롭게 다뤘습니다. 영화에서 제시된 써로게이트 로봇의 장점으로는 예상치 못한 사고나 범죄로부터 생명을 지킬 수 있고, 동시에 여러 곳에서 자신의 분신을 통하여 다양한 활동을 할 수 있으며, 장애가 있거나 노화된 사람은 이를 극복하여 극한의 육체적인 활동도 할 수 있습니다. 반면 영화에 등장하는 많은 사람은 본연의 자아를 철저히 숨기고 자신이 원하는 여러 가지 대리인의 모습으로 절제 없이 살아가는 모습도 보입니다.

소마틱 스타일의 논지가 '노출된 외적 자아가 결국 그 내적 자아의 반영'이라고 이해할 때, 로봇 기술의 힘을 소통의 방편으로 사용하게 될 미래 인간의 내적 자아는 현재를 사는 사람들보다 훨씬 파워풀하고 때로는 위험해 보이기도 합니다. 그렇다면, 소마틱 자아의 확장(somatic self-extension), 즉 인간의 대리인 혹은 아바타로서의 로봇의 스타일 디자인에 대한 바람직한 가이드라인이 있을까요?

이 질문에서 우리는 다시 시종이나 도구라는 뜻의 로봇의 유래에 대한 생각을 찾아볼 수 있습니다. 과거에 시종들은 주인을 대신하여 행동하고, 메시지를 전하고, 주인의 손님을 즐겁게 하기 위하여 문을 열거나 손님을 맞이하고, 음식을 만들어 대접하였습니다. 성서에서도 우리는 아브라함의 시종 엘리에셀이 주인 아들의 아내를 찾으러 다니는 경우를 볼 수 있습니다. 그 덕분에 아브라함은 길고 위험한 여행을 하지 않아도 되었지요. 그러므로 시종이나 노예는 주인 자신의 확장적 자아로도 볼 수 있습니다. 그것은 마치 주인이 사용할 수 있는 여분의 몸과 같은 것으로, 그는 자신의 몸을 노동이 아니라 즐거움을 위해서 대신 사용할 수 있습니다. 그러나 우리는 훨씬 더 일반적으로 도구 그 자체가 자아의 확장이라는 것을 기억해야 할 것입니다. 예를 들어 자동차나 오토바이를 운전할 때, 우리는 그것의 힘을 자신의 힘의 일부로 느낍니다. 더 나아가 우리는 그것의 스타일을 자기 자신의 스타일로 생각하거나, 차를 고를 때도 자신의 성격이나 취향을 반영하여 고릅니다. 또한 가까운 예로 앞을 못 보는 이는 지팡이를 통해 세상을 감지하기 때문에 결국은 그의 일부가 되기도 합니다.

　　휴머노이드 로봇은 특별합니다. 왜냐하면 그들은 단순히 대부분의 유용한 도구들이 자아의 확장으로 쓰이는 것을 넘어서서, 그들 자체가 우리와 흡사한 용모를 지님으로써 자아를 대리하기에 더 적절하기 때문입니다. 그러므로 그들은 단순한 자아의 확장으로서뿐만 아니라 아바타나 써로게이트로서 기능합니다.

　　그러나 스타일에 관련하여 휴머노이드 로봇을 디자인하는 데 있어서 문제는 우리가 "어떤 소마틱 스타일을 재현하고 싶어하는가?" 하는 것입니다. 첫째로, 일반적인 이해의 측면에서 "무엇이 인간의 소마틱 스타일인가?"라는 질문이 있을 수 있습니다. 그것은 어떤 형태나 외모를 지니는 것 이상을 의미합니다. 또한 그것은 움직임의 질, 다양한 상황에 대한 적합성 그리고 즉발성에 관련합니다. 「리얼 스틸」(Real Steel)이라는 로봇 영화가 있습니다. 이 영화는 인간이 스스로 복싱을 하는 것과 로봇이 복싱하는 것을 대조하였습니다. 여기서 로봇 영웅은 크고 힘센 로봇이 아니라 인간의 유연성과 단순동작을 확실히 모방한 로봇입니다. 게다가 그는 댄스 동작을 모방하고 그의 트레이너이기도 한 소년과 함께 춤을 추기도 합니다. 그리고 이 로봇은 표현적인 댄스와 움직임에서 마치 살아 있는 것처럼 보이기 때문에 많은 이로부터 사랑을 받습니다. 그러나 우리는 이러한 움직임의 질을 넘어서서, 자유의지와 행실이 완전히 결정되지 않은 상태의 감각을 가지고 있습니다. 그러나 로봇의 경우에는 그 행실이 전적으로 인간의 프로그래밍에 의하여 결정되기 때문에 자유롭지 않다는 것을 우리는 느낄 수 있습니다. 「리얼 스틸」의 로봇 영웅조차 그를 프로그램시키는 사람들이 시키는 대로 복싱을 할 뿐입니다. 그 프로그램이 로봇을 훈련시키고 만든 성인 복서(소년의 아버지)의 움직임을 모방하는 것에 의해서라고 하더라도 말이죠. 게다가 인간의 소마에서는 로봇에게는 없는 의식과 감각의 내재적인 삶이 있다고 믿습니다. 우리는 로봇을 인간처럼 보이고 움직일 뿐만 아니라 인간처럼 고통과 쾌 그리고 자유의지에 대한 느낌을 포함하여 느낌과 감정을 경험하고 의식을 가지도록 디자인하고 싶어 할까요? 만약에 우리가 과학기술으로 할 수 있다고 하더라도 우리는 그러한 로봇을 원할까요? 그것은 확실하지 않다고 봅니다. 로봇이 우리를 위해 일하는 도구이며 우리가 할 수 없는 일이나 하기 싫은 일을 대신 해주기 때문에 관심을 가집니다. 우리 대신에 즐기고 만족을 얻기 바라기 때문에 로봇을 사용하는 것이 아닙니다. 「리얼 스틸」의 로봇이 시합에서 이겼을 때, 즐거움은 소년과 아버지 그리고 다른 사람들에 의해 느껴지는 것입니다. 로봇의 느낌은 존재하지 않는 것입니다.

　　디자인의 특수한 단계에서 몇몇 사람은 아마도 로봇이 자신들의 소마틱 스타일에 맞추어서 행동하기를 바랄 수 있습니다. 그래서 로봇이 자신들을 더 닮을 수 있도록 말이죠. 그러나 몇몇 사람은 자신과는 아주 다르게 생긴 아바타를 가지기를 원할 수 있습니다. 아마도 몸집이 작은 여성은 크고 강한 근육질의 로봇으로 자신을 드러내고 싶어 할 수도 있습니다. 여기에 속임수가 있을 수 있다는 당신의 지적은 옳습니다. 그러나 그 여성이 로봇의 몸을 마치 자신의 몸인 것처럼 가장하지 않는다면 어떤 상황에서 남성의 몸을 지닌 로봇이 그녀를 대리하는 것은 비윤리적이라고 할 수 없습니다. 어떤 경우든지 인터넷이나 현실 생활에서도 남성이 여성의 정체성을 사용하고 여성이 남성의 정체성을 사용하는 비슷한 속임수가 존재합니다. 의상을 바꾸거나 걸음걸이나 말투를 바꾸는 것에 의해서 말이죠. 우리는 스스로를 정직하게 표현하거나 다른 이를 속이기 위해 우리 스스로를 감추는 데 있어서 언제나 윤리적인 문제에 부딪힙니다. 로봇 아바타는 우리에게 윤리적인 문제를 묻게 하는 또 하나의 영역일 뿐입니다. 또한 아바타에게 우리가 원할 수 있는 한계가 있습니다. 만약에 가장 간절하게 원하는 만족이 사람의 진짜 몸을 통해서만 얻어질 수 있다면 우리는 그러한 쾌를 느끼기 위하여 우리 대신에 아바타를 사용하고 싶지 않을 것입니다. 예를 들어, 만약에 성교를 하는 데 있어서 상대방에게 만족을 주기 어려운 사람이 있다고 하더라도 그는 상대방을 만족하게 하기 위하여 자기 자신의 쾌를 포기하면서까지 아바타를 대신 사용하지는 않을 것입니다.

3 복제, 커스터마이징, 로봇 스타일의 리셋에 관한 윤리성

어떤 인간도 서로 완전히 같은 스타일을 구사할 수는 없습니다. 반면 로봇의 경우는 정확히 동일한 스타일을 복제할 수 있기 때문에 훌륭한 로봇의 스타일일수록 더 많은 복제가 이뤄질 것입니다. 로봇이 상용화되어 가정마다 보급되는 미래를 상상해봅시다. 로봇 제작사가 여러 가지 스타일의 로봇을 제공한다고 가정했을 때 사용자들에게 가장 선호되는 베스트셀러 모델이 있을 것이며 그 스타일이 다른 스타일보다 더 우월한 것이라 여길 수 있습니다. 반면 어느 가정에나 동일한 로봇이 존재한다면 그것의 희소 가치는 떨어지겠지요. 따라서 로봇의 사용자들은 자신의 로봇에게 특별한 자신만의 가치를 부여하기 위한 커스터마이징을 원할 것입니다. 예를 들면 자신의 로봇을 내향적 성격으로 세팅하고 그에 따른 외모와 말투, 행동 패턴 등을 커스터마이즈하여 순종적인 이미지로 만들거나 외향적인 성격으로도 만들 수 있을 것입니다.

여기서 한 가지 우려되는 점은 로봇이 다른 제품들과는 달리 인간을 모티프로 한다는 점입니다. 인간은 자신이 이입된 사물이 복제되거나 파괴될 때 (비록 가상의 컨텍스트이더라도) 존재적인 위협을 느끼는 한편, 자신과 독립된 개체로서의 로봇을 마주할 때는 소통의 대상으로 인식합니다(Groom, et al., 2009). 다른 말로 하면 로봇을 자신의 일부로 보거나 독립된 소통의 대상으로 인지한다는 것은 어떤 방식으로든 그 로봇의 정체성을 존중하게 됨을 의미할 수 있습니다. 하지만 그 로봇의 아이덴티티를 사용자의 취향에 맞게 언제든지 커스터마이즈할 수 있고, 마음에 드는 다른 사용자의 설정을 복사해오기도 하고 리셋하기도 한다면 그 로봇의 정체성은 점점 희미해질 것입니다. 극과 극의 스타일로 여러 번 커스터마이즈된 로봇을 인간에 비유하자면 정신분열증 환자 같은 느낌일지도 모릅니다.

인간 복제가 섬뜩한 느낌을 주는 것과 비슷하게 인간을 닮은 로봇의 스타일을 함부로 복제, 커스터마이즈, 리셋하는 것은 왠지 꺼림칙함을 줄 것 같습니다. 영화「아이, 로봇」(I, Robot, 2004)에 등장하는 수많은 휴머노이드 NS-5의 모습이나 영화「매트릭스 3: 레볼루션」(2003)에 등장하는 수많은 스미스 요원을 보는 느낌과 비슷할 것입니다. 과연 인간은 자신의 로봇을 어디까지 제품으로 다루며, 마음대로 스타일을 바꿀 수 있고, 어디부터는 인간을 모티프로 한 독립된 개체로서 일관성을 지켜줘야 할까요?

완전히 동일한 인간의 스타일은 없지만 로봇은 많은 경우에 같은 스타일을 갖는다는 당신의 말은 옳습니다. 그런데 그 이유가 단지 유전적이거나 생물학적인 것이라고 생각해서는 안 될 것입니다. 같은 유전자를 지닌 똑같이 생긴 쌍둥이임에도 매우 다른 소마틱 스타일을 지닐 수 있습니다. 그 이유는 인간의 소마 또는 몸-마음은 가변성을 지니기 때문입니다. 우리의 소마틱 패턴과 정신적 패턴을 다르게 만드는 것은 다양한 경험입니다. 우리의 생각과 행동, 느낌 등의 패턴은 다양한 경험으로부터 피드백을 얻으며 그 때문에 우리는 서로 다르게 행동하고 반응합니다.

이와 비슷하게, 로봇처럼 생명이 없는 것도 다양한 피드백을 통해 그들의 행동을 변화시킬 수도 있습니다. 그래서 같은 공장에서 나온 똑같이 생긴 로봇이라 할지라도 각자 다른 경험을 통해 그들이 처해 있는

(정식으로 만들어지지 않은 프로그래밍 같은) 다양한 환경에 맞추어 각자 겪게 된 다른 경험들을 바탕으로 (마치 그 경험들이 비정형적인 프로그래밍 같이 작용하여) 다양한 환경에 맞추어 각자 다르게 반응하고 행동하게 될 것입니다. 한 켤레의 가죽 신발조차 이런 식으로 그것이 거쳐온 환경을 드러낼 것입니다. 두 켤레의 신발은 처음에는 똑같아 보였지만, 각자 다른 사람이 신고 다니고 다른 환경에 처해 있다면 각기 다른 부분에 주름이나 얼룩이 생길 것입니다.

계속해서 맞춤 디자인 형의 로봇을 생산하는 것이나 로봇의 보존에 대한 당신의 우려는 휴머노이드 로봇에 대한 존중의 가장 본질적인 문제를 보여줍니다. 어떤 방식으로, 어느 정도 우리는 그들이 인간과 같기를 원할까요? 오직 그들이 보여주고 행동하는 것만 원할까요? 아니면 그들도 인간처럼 느끼고 행동하기를 원할까요? 만약에 그것이 우리가 원하는 것이라면 우리는 그들을 인간처럼 대해야 하지 않을까요? 만약 우리가 그들을 완전히 인간처럼 존중한다면 어떻게 그들을 도구로 대할 수 있을까요? 그렇다면 우리는 결국 그들에게 인간과 같은 인권을 주어야 할 것입니다. 그렇다면 우리는 그들이 쓸모없어졌을 때에도 쓰레기 더미에 버려서는 안 될 것입니다. 로봇에 관련한 이 문제는 사실상 우리가 같은 인간을 어떻게 대해야 하는지에 대한 문제도 상기시킵니다. 때때로 인간은 같은 인간을 대할 때, 어쨌든 시킨 일이 처리되기만 하면 그들이 어떤 감정을 갖는지 전혀 상관하지 않고 도구나 시종처럼 취급합니다. 또한 나는 아무런 감각도 지니지 않은 비인간적 존재의 정체성이 때로는 엄청난 존중을 받는다는 것도 지적해야 할 것입니다. 예를 들면 예술 작품이 그럴 것입니다. 우리는 종종 그것들의 정체성을 엄청나게 보호하고 존중합니다. 만약에 그 작품을 변화시킴으

로써 더욱 쓸모 있게 된다고 할지라도 작품을 변화시키려 하지는 않을
것입니다.

4　인간의 생태에 미치는 로봇의 영향

로봇이 인간사회의 한 부분으로 자리 잡게 됨에 따라 우리의 라이프
스타일은 크게 변화될 것입니다. 특히 로봇은 자율적인 사고와 움직
임을 통해 수동적인 기계들이 제공하던 기능 이상의 영향력을 사용자
에게 미칠 수 있을 것으로 기대됩니다. 이런 맥락에서 폴리치(Forlizzi,
2007)는 일반 진공청소기를 사용하는 가정과 청소로봇을 사용한 가
정에서의 생태 변화를 관찰하였습니다. 관찰 결과에 따르면, 청소로봇
의 사용은 사람들의 청소 방식 및 패턴에 변화를 가져왔습니다. 청소
로봇을 가진 가정에서는 기존에 여성이 청소를 주로 담당해왔던 패턴
과 달리 남성과 아이들도 청소에 참여하게 되었습니다. 나이 든 사람의
경우 계획적으로 청소하던 것에서 시간이 날 때마다 자주 청소 하게 되
었으며, 또한 어린아이들은 청소로봇을 자신들의 방에 넣고 스스로 청
소하는 모습을 보여주었습니다. 이렇듯 로봇은 인간의 생활 방식과 인
간 사이의 인터랙션에도 긍정적으로 관여할 수 있습니다. 반면, 영화
「월-E」(Wall-E, 2008)에서 나오는 미래 인간들의 모습은 각종 자동 로
봇들의 지나친 도움으로 인해 자신의 몸도 스스로 일으킬 수 없을 정도
로 게으르고 뚱뚱해져버렸습니다.

　　현재 개발되고 있는 서빙, 청소, 애완용 로봇들은 매우 국한적인
기능만을 수행하지만 앞으로 더 진보된 인공지능을 갖추게 될 '주체적

인' 로봇들은 전보다 더 적극적으로 인간의 삶에 '관여'할 것입니다. 따라서 인간과 로봇이 함께 생활하는 미래 일상 환경에서는 적정한 역할의 구분과 조화를 이루는 생태 구조에 대한 고찰과 예견이 필요합니다. 로봇은 어떤 측면에서 인간의 라이프스타일을 긍정적 혹은 부정적으로 바꿀 수 있을까요? 인간과의 생태에서 사용자와 조화로운 역할 분담 및 협업을 가능하게 하는 이상적인 로봇의 모습은 어떤 것인가요?

이런 종류의 문제는 「월-E」라는 영화에서 잘 묘사된 바 있습니다. 이 영화는 유명한 헤겔의 철학적 예를 보여주고 있는데요. 그것은 바로 주인과 노예의 변증법입니다. 나는 이 문제의 딜레마가 로봇에 대한 우리의 우려에 근거한다고 생각합니다. 원래 주인은 노예(주인에게 음식이나 생활을 의존하고 있는)보다 훨씬 강력하기 때문에 주인은 그런 힘을 가지고 자신의 일을 대신 해주는 도구로써 노예를 사용합니다. 그러나 이 일을 함으로써 노예는 더 강력하고 능수능란해졌습니다. 그러는 동안에 주인은 일할 필요가 없기 때문에 더욱 게을러지고 어떻게 일을 하는지 잊어버리게 되지요. 그러므로 주인은 모든 일을 노예에게 의존하게 되고, 그 때문에 주인은 전적으로 노예에게 의존하게 됩니다. 이로써 노예에 대한 주인의 의존도는 점점 높아지고 노예는 새로운 주인이 됩니다.

　우리는 다른 도구와도 어느 정도 비슷한 생태적 딜레마를 가지고 있습니다. 자동차나 컴퓨터를 생각해보십시오. 그들은 우리의 삶을 더 낫고 편안하게 하기 위해서 만들어졌습니다. 그리고 그것들은 대부분 그렇게 하고 있지요. 반면 그것들은 여러 가지 생태학적 문제를 일으키고 있습니다. 미국의 많은 사람은 자동차만 사용하고 전혀 걷지 않기 때문에 매우 뚱뚱해져 건강까지 위협받게 되었습니다. 자동차는 대부분의 큰 도시에 차량 정체와 공해를 야기했습니다. 보험, 연료 그리고 주차료에 돈이 낭비되고 있습니다. 때로는 자동차가 우리를 위해 일하는 것이 아니라 우리가 자동차를 모시는 것처럼 느껴지기까지 합니다.

　우리는 어떤 일을 로봇에게 맡겨야 할지와 어떤 일을 인간이 하도록 남겨야 할지를 정해야 할 것입니다. 어떤 종류의 일들은 이미 결정이 되었습니다. 우리는 로봇에게 인간이 하기에는 위험한 일을 시키고 있습니다. 예를 들면 지뢰나 폭발물 제거 또는 적의 위치를 찾아내는 군사적 작업 등에 말이지요. 「리얼 스틸」이라는 영화에서 로봇은 인간을 대신하여 폭력적인 스포츠를 합니다. 인간이 다치지 않도록 말이죠. 청소는 전혀 즐겁지 않고 많은 생각이 필요치 않은 작업 중 하나로서 우리는 이미 그 일을 로봇에게 맡기기 시작했습니다.

　그러나 다른 집안일들은 어떨까요? 요리는 창의력, 전통 그리고 영양섭취와 관련되어 있습니다. 때로는 제사와도 관련하지요. 이러한 창의력, 제사 또는 영양상의 측면 때문에 우리는 아마도 인간이 요리하기를 원할 것입니다. 만약에 특별한 요리를 할 때는 더욱 그렇겠지요. 부모의 역할은 어떨까요? 우리는 아기가 환경에 매우 민감하며 주변의 사람들에게 영향을 받기 쉽다는 것을 압니다. 우리는 인간 대신에 로봇에 의해서 아기가 길러지기를 바랄까요? 그것이 아기에게 인간적인 스타일을 덜 갖게 하며 인간의 감정에 대한 경험이 부족하지는 않을까요? 어떤 연구에 의하면 아기들이 기계에 의해서 먹을 것을 제공받을 때 마스크를 한 인간에 의해 제공될 때보다 덜 먹는다고 합니다. 반면에 우리는 완벽하게 디자인된 휴머노이드 로봇이 아기 돌보기에 적합한 얼굴을 하고 있다면 아이들이 더 행복하고 유순해질 수 있다고 말할 수도 있을 것입니다. 그러나 또한 우리는 아이를 위한 바람직한 훈련은 인간의 감정을 경험하는 것이라고 할 수 있을 것입니다. 그것이 참을성 없음과 분노 같은 것이라고 하더라도 말이죠. 그러한 상황을 전제로 하여 진화론적으로 인간의 삶은 노력과 고생을 수반합니다. 그 때문에 로봇에게 모든 노력과 고생을 떠넘기는 것이 최선이라고 할 수는 없을 것입니다. 인간의 본성에서 가장 존경할 만한 것은 스스로의 발전을 추구하는 것, 즉 열심히 일하고 더 높은 목표에 도달하려는 의지일 것입니다. 만약에 우리가 삶에 요구되는 노력을 로봇에게 떠넘긴다고 하더라도 우리는 인간 자신을 위해서 노력, 노동, 고생 그리고 경쟁이 필요한 영역을 남겨두어야 할 것입니다. 그것들은 우리에게 삶의 숭고함과 성취감을 줄 것입니다.

5 인간과 로봇의 이상적인 공존을 위하여

인간이 끊임없이 자신과 더 닮은 로봇을 만들고자 하는 것은 마치 창조주 하나님이 자신의 형상을 반영하여 친교의 대상으로 인간을 만든 것에 비유할 수 있습니다(Genesis 1:26-27; 2:7). 즉, 로봇은 그 어떤 인공물들보다 인간에 가까운 스타일을 가집니다. 많은 공상과학 영화를 통해 구체화한 상상 속에서는 로봇이 인간과 동일시되는 것을 넘어 초월하기도 합니다. 이런 상상은 로봇이 인간 위에 군림할 수도 있다는 염려도 수반합니다. 이런 관점에서 SF 작가인 아이작 아시모프는 그의 소설 『아이, 로봇』(I, Robot, 1950)에서 아래와 같이 '로봇 3원칙'을 정의하고 있습니다.

(1) 로봇은 인간에게 해를 끼쳐서는 안 되며, 위험에 처해 있는 인간을 방관해서도 안 된다.
(2) 로봇은 인간의 명령에 반드시 복종해야 한다. 단, 제1법칙에 거스를 경우는 예외다.
(3) 로봇은 자기 자신을 보호해야 한다. 단, 제1법칙과 제2법칙에 거스를 경우는 예외다.

위 세 가지 원칙은 인공물인 로봇이 인간을 아무리 닮을지라도 그 창조자이자 사용자인 인간의 가치가 언제나 로봇보다 우선한다는 점에서 '사용자 중심 로봇 디자인(User-centered Robot Design)'이 지향하는 바와 일치합니다. 앞선 질문에서도 언급되었듯이 로봇이 인간을 닮을 때 인간에게 제공할 수 있는 직관성과 편의성이 분명히 있습니다. 하지만 특정 선을 넘기 시작하면 인간의 존엄성을 위협할 가능성이 크다고 생각합니다. 인간을 위한답시고 인간의 일을 대신하는 것이 지나치면 인간의 건강을 위협하거나 특정 직업에 종사하는 사람들을 실업자로 만들 수도 있고, 로봇과 친하게 지내는 것이 지나치면 다른 인간과의 관계를 와해시킬지도 모릅니다. 앞선 모든 질문을 종합하여 머지않은 미래에 우리와 일상을 공존할 로봇의 스타일은 인간의 스타일과 어떤 면에서 구분되고 어떤 면에서 조화될 수 있을까요? 로봇다운 스타일과 인간다운 스타일은 무엇일까요?

창세기의 인간 창조와 로봇을 관련짓다니 아주 좋은 질문이군요. 신은 인간을 자기 자신의 이미지로 만들어냈습니다. 그러나 신은 외롭거나 누군가 말할 상대가 필요했기 때문에 인간을 만들지는 않았습니다.

신은 자신의 힘을 표현하기 위해서 인간을 창조했습니다. 창세기의 하나님은 단독 신이기 때문에 스스로 충분했습니다. 그러나 아담은 스스로 충분하지 않았습니다. 아담은 외로웠기 때문에 하나님은 그의 파트너가 될 이브를 만들었지요. 사람은 신의 이미지에서 생겨났지만 신보다 열등합니다. 그리고 여성은 신이 아담을 만들고 나서 생겨났으며, 아담의 갈비뼈로 만들어졌으므로 열등하거나 부차적입니다. 나는 우리가 휴머노이드 로봇을 만들고 싶어 하는 것은 단지 편안해지고 싶어서가 아니라 인간 스스로 우월한 존재라는 것을 느끼고 싶기 때문이라는 당신의 생각은 옳다고 생각합니다. 우리는 인간이 창조에서 가장 우월하다고 생각하기 때문에 로봇이 가질 수 있는 최고의 형태는 인간의 형태라고 생각합니다. 그러나 아마도 그것은 옳지 않을 것입니다. 로봇이 했으면 하는 많은 작업 중에는 인간이 아닌 형태를 갖는 편이 나은 경우가 많습니다. 예를 들면, 눈이 양쪽에 둘씩 달려 있거나 머리 두 개가 있는 편이 완전한 시야를 갖기 위해 나을 수 있습니다.

그러나 상호작용의 사회적인 역할에서 생각해보면 휴머노이드 형태가 선호될 것으로 보입니다. 그 이유 중 하나는 그것이 가장 친숙해 보이며 편안하게 느껴지기 때문일 것입니다. 다른 이유는 우리의 자존심일 것입니다. 만약에 우리가 로봇의 주인이라면 인간은 삶의 가장 높은 형태를 나타내므로 휴머노이드 형태를 지배하는 것에서 더욱 자랑스럽게 느낄 것입니다. 인간의 우월에 대한 독단은 당신이 언급한 아시모프의 로봇 원칙에도 나타나 있습니다. 여기서 로봇은 사용자인 인간을 위한 도구이며, 그들이 스스로 보호하고 살 권리를 얻을 수 있는 것은 오직 인간을 섬길 때뿐이지요.

이러한 도구적 관점을 생각하면 로봇과의 사회적 친밀함에 대한 생각이나 진정한 로봇 친구에 대한 생각은 문제의 여지가 있는 것으로 보입니다. 만약에 로봇이 인간과 매우 비슷하게 만들어졌다고 하더라도 진정한 친구가 되는 것은 불가능해 보입니다. 왜냐하면 로봇은 자신의 우정을 표현하고 행동할 자유의지가 없기 때문입니다. 아리스토텔레스는 진정한 우정은 동등한 관계에 있어서만 성립한다고 생각하였습니다. 만약에 우리가 아리스토텔레스의 관점이 너무 극단적이라고 본다면, 예를 들어 회사의 회장과 그의 비서 또는 그 회사의 주차장 관리인이 진정한 우정을 가질 수 있어야 할 것입니다. 만약에 한 친구가 말하는 것을 다른 한 친구가 일방적으로 따라야 한다면 진정한 우정이 성립하기란 매우 어려워 보입니다.

　　만약에 로봇이 진정한 친구가 될 수 없다고 한다면 그들에게는 여전히 당신이 언급한 위험이 있을 것입니다. 이것은 아마도 사람들이 독립적인 자아를 지닌 진정한 친구보다 순종적인 노예나 기계를 선호하기 때문일 것입니다. 윌리엄 제임스는 이 관점에 대해 논한 적이 있습니다. 그는 이것을 '오토매틱 스윗하트(automatic sweetheart)'라고 하였습니다. 그것은 여성 인형으로, 진짜 여자친구나 아내가 할 일을 해주는 로봇입니다. 그러나 그녀에게 감정이란 없죠. 제임스가 말하기를 아무도 그런 연인을 원하지 않을 것이라고 하였습니다. 왜냐하면 우리가 원하는 것은 그녀의 내적인 감정이 그녀의 행동 원인이 되기를 바라기 때문입니다. 그녀가 그렇게 느끼지 않는다면 우리는 그녀가 돌봐주는 것에서 만족을 느끼지 못할 것입니다. 나는 제임스의 관점을 존중하지만 그가 완전히 옳다고는 생각하지 않습니다. 내 생각에 사람들은 연인 로봇이 하는 것처럼 지치거나 짜증 내거나 이기적이 되거나 다른 것에 관심을 갖는 일 없이 항상 자신을 사랑해 주는 이를 원합니다. 또한 많은 사람은 사랑을 잘 표현하지 못하는 이보다는 로봇 자신은 감정을 느끼지 못하더라도 완벽하게 잘 돌봐주는 로봇을 더 선호 할지도 모릅니다. 많은 경우에서 우리는 우리의 연인이 완벽한 로봇과 같기를 바랍니다. 항상 아름답고, 좋은 향기가 나며, 아프거나 지치지 않고, 우울하거나 짜증 내지 않기를 바랍니다. 사람들은 자신과 같이 사는 사람이 어떤 감정을 가지는지에 대해서는 관심이 없습니다. 그들은 돈을 벌고, 책을 쓰고, 아니면 정치적으로 성공하고자 바쁘기 때문에 같이 있는 사람이 어떤 감정을 가지고 있는지를 듣고 싶어 하지 않습니다. 가장 큰 사회 문제 중의 하나는 인간의 삶과 자유를 인정하고자 하는 이상을 가지고 있지만, 우리의 실제 삶은 편리와 표준화를 추구할 뿐이며 내적인 감정을 표출할 시간이 없다는 것입니다. 만약 휴머노이드 로봇이 좀 더 성공적으로 외모와 행동에서 인간처럼 만들어져 시장에 소개된다면 실제 인간은 더욱 로봇처럼 될지도 모르겠습니다. 아마도 우리는 이미 이러한 진화의 중간단계에 와 있는지도 모르겠습니다.

[참고문헌]

- Asimov, I. *I, Robot.* Gnome Press, 1950.
- Čapek, K. *Rossum's Universal Robot.* Science Fiction Play, 1920.
- Fong, T., Nourbakhsh, I., and Dautenhahn, K. *A Survey of Socially Interactive Robots: Concepts, Design, and Applications.* Technical Report No. CMU-RI-TR-02-29, Robotics Institute, Carnegie Mellon University, 2002.
- Forlizzi, J. *How robotic products become social products: An ethnographic study of cleaning in the home.* In Proc. HRI'07, 129-36, 2007.
- Groom, V., Takayama, L., Ochi, P., and Nass C. (2009) *I Am My Robot: The Impact of Robot-building and Robot Form on Operators.* Proceedings of Human Robot Interaction 2009, pp. 31-36.
- Kiesler, T., Kiesler, S. *My Pet Rock and Me: An Experimental Exploration of the Self Extension Concept.* Advances in Consumer Research, (32), 2004.
- Kim, J. and Kim, M. 2005, *A fundamental study design-centered HRI research framework.* Proceedings of 2005 Bi-annual Design Conference of Korea Society of Design Science, Seoul, Korea, pp. 2005 68-69.
- Kim, M., Oh, K., Choi, J., Jung, J., and Kim, Y. *USER-CENTERED HRI: HRI RESEARCH METHODOLOGY FOR DESIGNERS:* Mixed Reality and Human-Robot Interaction, springer, 2010.
- Fukui, K., Nishikawa, K., Ikeo, S., Shintaku, E., Takada, K., Takanobu, H., Honda, M. and Takanishi A. *Development of a talking robot with vocal cords and lips having human-like biological structurest.* IEEE/RSJ International Conference on Intelligent Robots and Systems, 2005, pp. 2526-2531.
- Lee, M. K., Takayama, L. *"Now, I Have a Body":* Uses and Social Norms for Mobile Remote Presence in the Workplace, Proceedings of CHI 2011, pp. 33-42.
- Minsky M. *Telepresence.* Omni, 1980.
- Mori, M. *The Buddha in the Robot.* Charles E. Tuttle Co., 1982.
- Oh, K. and Kim, M. *The HRI experiment framework for designers*, Proceedings of IASDR 2007 Conference, 2007.

[영화 참조]

- Artificial Intelligence: A.I. Warner Bros Pictures, 2001.
- Matrix: Revolution. Warner Bros Pictures, 2003.
- Surrogate. Touchstone Pictures, 2009.
- WALL-E. Walt Disney Pictures, 2008.

[로봇 참조]
• Asimo, 2000. 〈Honda http://asimo.honda.com/〉
• Hubo2, 2008. 〈KAIST http://hubolab.kaist.ac.kr/hubo(khr-4).php〉

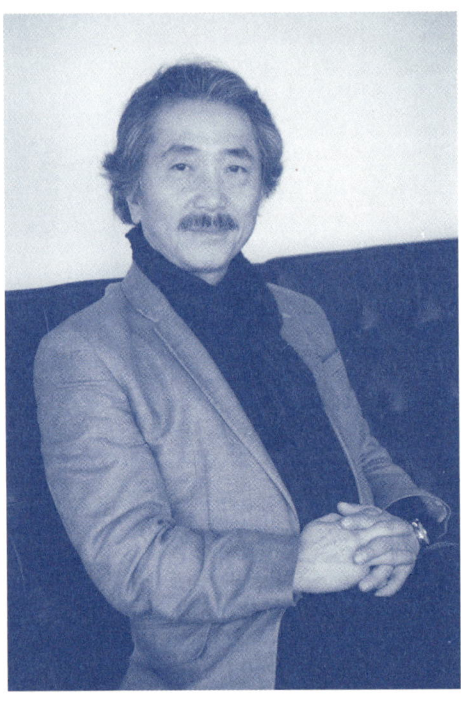

김명석 (金明錫)

- 1949년생
- 홍익대학교 응용미술학과 및 동 대학원(BFA,1973/
  MFA,1975)에서 수학
- 일본 오사카대학(Osaka University) 환경설계공학과
  국비유학(Ph.D/1985)
- 1985년 귀국과 동시 KAIST 산업디자인학과 설립 이후 28년
  근속. 현재, 동 학과 영년직교수로 재직 중
- 일본 Kyoto Institute of Technology 객원교수
  (1990-1991)
- 한국디자인학회[KSDS] 제4대 및 5대 회장 역임
  (1997- 2001)
- 한국가구학회 제5대 회장 역임(1997-1998)
- 아시아디자인학회[ASSD] 초대회장 역임(1999-2001)
- 국내외 학술저널 72편, 국제학술대회 85편, 국내학술대회
  115편 발표, 디자인 개발 64건 등의 학술 연구실적이 있음
- 특히 21세기 뉴 밀레니엄 개막과 동시에 로봇디자인에 관심을
  가지고 27종류의 로봇디자인 연구개발프로젝트 수행
- 2000년 한국산업디자인상 대상 수상, 벤처디자인상 수상
- 2001년 근정포장 수훈, 밀레니엄디자인 어워드(학술상 수상)
- 2009년 대한민국 로봇대상 수상
- 현, 한국디자인학회 고문 / 로봇공학회 감사 / 아시아디지털
  아트 앤드 디자인학회(ADADA) 논문편집위원장 / 21세기
  디자인포럼 총괄책임, 로봇과문화포럼 회장 등을 역임

미디어와 스타일
Media and Style

임윤경
(카이스트 산업디자인학과 교수)

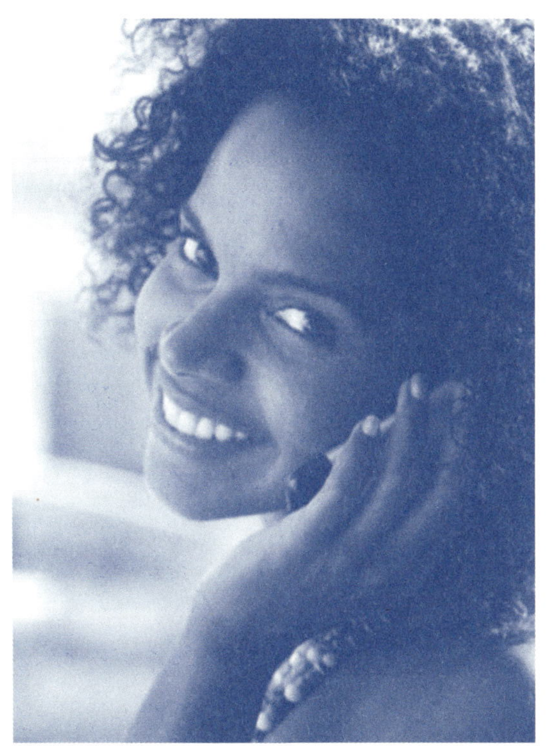

이제는 스마트폰을 가지지 않은 사람은 비주류로 보일 정도로 많은 사람이 스마트폰을 사용하고 있으며, 내가 어디에서 누구와 언제 통화를 하였는지 메시지를 주고 받았는지 등을 스마트폰이 자동으로 알게 될 뿐만 아니라, 한 개인 스스로 현재 내가 무엇을 하고 있는지 무슨 생각을 하고 있는지 끊임없이 페이스북이나 트위터 같은 소셜미디어를 통해 업데이트하는 것이 일상이 되어버렸다. 이러한 미디어의 현저한 진화가 몸과 미디어의 관계를 소마틱 스타일의 관점에서 바라볼 때 어떤 새로운 시사점들을 제공하는지 논의하고자 한다.

이 장의 테마: 미디어 스타일의 변천과 커뮤니케이션

일반적으로, 미디어는 커뮤니케이션에 관련하는 모든 수단을 의미한다. 예를 들어 우리의 메시지들을 전달하는 채널들을 미디어라고 할 수 있을 것이다. 디자인이나 예술에서 미디어는 디자이너나 아티스트가 그들의 개념이나 아이디어를 표현하기 위해 사용하는 모든 재료나 도구이다. 더 기초적으로 마셜 맥루한은 "모든 미디어는…… 우리 자신의 모든 확장적 주체이다"라고 선언하였다(p.203). 모든 새로운 발명이나 미디어의 소개는 우리의 방식을 재생산한다. 그것은 우리의 생각하는 방식들을 바꾸고 우리와 타인과의 관계 역시 변화시킨다. 슈스터만의 소마틱 스타일의 개념에 기초하여 이러한 미디어의 성격과 스타일 사이의 관계를 논하는 것은 피할 수 없을 것이다. 그에 따라, 슈스터만의 스타일 개념에서 내가 중요하다고 여기는 미디어에 대한 다섯 가지 문제를 소개하려 한다. 슈스터만 박사에게 이 다섯 가지 문제들은 '메시지로서의 미디어'와 '나라는 개체의 확장으로서의 미디어'에 관련한다. 오랜 시간에 걸친 미디어의 물질적·첨단기술적 변화는 이 문제들을 논하는 데 특히 다루고 싶은 점이기도 하다.

1　소통 수단으로서의 미디어 변화와 스타일

미디어는 우리의 메시지를 타인에게 전하는 것 또는 자신을 반성하는 데 있어서 사용되어왔습니다. 이러한 활동 과정에서 우리가 사용하는 미디어의 물질적 성격은 우리가 생각하고 표현하는 데 현저하게 영향을 끼친다고 할 수 있지요. 지금 쉽게 만날 수 없는 장소에 살고 있는 매우 가깝고 사랑하는 이에게 편지를 쓰고 있다고 상상해봅시다. 그리고 아마도 매우 오랜만에 그녀 또는 그를 만난다고 합시다. 그러면 우리는 아마도 어떤 편지지를 고를지 고민하게 될 것입니다. 아마도 다양한 것을 고려해볼 수 있겠지요. 아마도 종이의 텍스처를 중요하게 여길 수도 있겠습니다. 당신이 글을 쓰는 동안 충분히 편안하게 느낄 수 있도록 말이죠. 그러나 글쓰기 경험에서의 편안함을 느끼는 것뿐만 아니라, 그 편지를 받는 이의 경험이 어떨지에 아마도 더 신경이 쓰이지 않을까요? 이러한 관점에서 당신은 친숙하고 따뜻한 느낌을 불러일으키는 전통적 창호지에서 보고 느낄 수 있는 텍스처를 고르고 싶을지도 모르겠습니다. 종이라는 텍스처의 선택은 이러한 양방향적 의도를 그 자체에 구현화하고 있습니다. 텍스처의 선택에서만 해도 이러한 구체적이고 세심한 조사가 필요합니다. 또한 편지를 쓰는 이는 편지지의 냄새와 그 두께를 고려할 것입니다. 물리적 재료인 편지지의 이러한 모든 속성은 편지 쓰는 이의 메시지 표현 미디어의 소스가 됩니다. 이것은 종이의 종류에 있어서뿐만이 아닙니다. 마찬가지로, 그 위에 쓰는 펜을 고르는 과정은 때로는 더 질적으로 풍요롭다고 할 수 있는 또 하나의 과정이 아닐까요. 쓰는 과정에서 글 쓰는 이의 손에 잡힌 종이 위의 펜의 움직임은 글 쓰는 이의 정서적인 상태나 글씨체의 '스타일'을 직접적으로 표현합니다. 펜과 같은 미디어로서의 물리적인 재료인 종이는 그것을 사용하는 사람의 정서, 의도 그리고 마음의 모든 디테일을 매우 직접적으로 그려내는 것이지요. 그렇다면 미디어는 사람 그 자체는 아니지만 한 개인의 마음과 생각, 아이디어가 투영되어 표현하는 필수적인 수단이 된다고 할 수 있습니다. 이러한 미디어는 기술의 발전으로 인해 표현 수단이 되는 재료, 표현된 내용의 전달 방법 등이 다양하게 변화되어왔습니다. 이렇듯 서로의 마음과 생각을 전달하고 교류하는 소통 수단으로서의 미디어 자체의 변화는 소통 과정에서 서로의 스타일을 경험하고 느끼는 행태의 형성에서 어떤 역할을 해왔다고 할 수 있을까요?

질문에 직접 답하기 전에 당신의 훌륭한 편지쓰기 미디어의 예에 대해서 말해야겠습니다. 내가 단지 신체미학에서뿐만 아니라 나의 프라그마티즘 이론에서 이 예를 어떻게 해석할지에 대해서 말해야 하겠습니다. 당신의 예는 『겐지 이야기』를 생각나게 하는군요. 『겐지 이야기』에서 중세 일본 궁정사회의 주인공들(특히 겐지 왕자)은 연애 편지(또한 우정이나 존경을 표하는 편지에서도)를 보내는 데, 그리고 그들의 감정을 매우 복잡한 방식으로 미디어를 통하여 표현하는 데 미적으로 숙련된 이들이었습니다. 색의 선택이나 종이의 텍스처, 잉크 색의 질과 붓의 종류, 그리고 종이(때로는 계절에 알맞거나 애인에게 특별한 개인적 의미를 가지고 고른)에 더해지는 향기(때로는 향기를 섞어 만든 것을 쓰기도 하였지요)에서뿐만 아니라 그 편지를 전달하기 위하여 신중하게 고른 특별한 편지 전달자(messengers, 그들의 나이, 중요도, 성별, 매력 그리고 매너를 보아서)까지도 그들은 고려하였지요. 전달자는 개인의 느낌을 표현하는 미디어이기도 하였습니다. 물론 오늘날 우리는 편지 전달자를 쓰지 않으며, 대부분 향기가 나는 종이를 사용하지 않습니다. 또한 대부분의 경우 친구나 연인에게 종이에 쓰는 편지를 거의 쓰지 않고 있습니다. 그러나 우리가 만진(때로는 키스를 하기도 한) 것이 우리가 사랑하는 이에게 만져지기를(또는 키스 되기를) 바라면서, 우리는 때로 종이 위에 손으로 쓰인 메시지를 주기를(또한 받기를) 원합니다. 그래서 오늘날 우리의 로맨틱한 메시지의 대부분이 문자, 이메일, 또는 스카이프의 채팅을 통해 디지털하게 작성되더라도, 이것이 전통적인 손으로 쓰인 유행에 뒤떨어진 사랑의 노트[프랑스에서는 비에두(billet-doux)라고 하죠]를 만들지는 않습니다. 우리는 여전히 우리의 사랑을 이런 식으로 표현할 수 있습니다. 그리고 때로는 그것을 더욱 강력하고, 깊이 있고 풍요롭게 표현할 수 있습니다.

　자, 이 점을 나의 프라그마티즘의 미디어 이론❶의 핵심 아이디어를 표현하여 철학적으로 더욱 일반화해보겠습니다. 그 원리는 미디어가 다원적이라는 것입니다. 모든 미디어는 이점과 한계가 있습니다. 즉, 어떤 특정 지각을 장려하는 한계와 다른 지각을 사용하지 않게 하는 한계가 있지요. 우리는 가장 발전된 미디어만을 사용하고 오래된 미디어는 고물을 쓰레기통에 쳐넣어 버리듯이 쓸모없는 구닥다리로 취급해버리는 것에 고무되어서는 안 됩니다. 텔레비전은 라디오를 고물로 만들지 않았을 뿐만 아니라 전화를 이메일이 대체하지도 않을 것입니다. 라디오가 시각적인 인풋을 지니지 않는다는 사실은 그것을 쓸모 있게 하는 이유입니다. 운전할 때, 책을 읽을 때, 또는 아이스 스케이팅이나 다른 활동을 할 때 우리의 시각적 지각이 필요하지만, 라디오의 배경음악은 즐길 수 있으며 도움이 됩니다. 미디어 평론가가 곧 끝나버릴 것이라고 말하는 책에서조차 사람들은 읽는 것에서 얻을 수 있는 다른 종류

---

❶ 이것이 슈스터만의 『삶의 미학』(*Performing Live*)의 "소마와 미디어" 장에 설명되어 있다.

의 미적 질 때문에 끊임없이 찾을 것입니다. 그것의 단단하고 압축된 촉감, 생김새, 느낌, 그리고 책갈피에서 나는 냄새는 특수한 종류의 경험을 제공합니다. 그것은 스크린에 뜬 텍스트가 아닌 만질 수 있게 인쇄된 점자 책을 읽는 이에게만 해당하는 이야기가 아닙니다. 만약 우리가 모든 감각 양식을 쓸 수 있는 이에 맞추어 미디어를 제한하였다면 현재 우리의 미디어 경험은 훨씬 더 빈약할 것입니다. 또한, 아마도 이것은 역설적으로 들릴지도 모르겠지만, 그런 이에게 맞추어 새로운 미디어를 제한한다고 해서 우리의 경험이 더 일관적이고 통일된 것이 되지는 못할 것이며 오히려 경험을 일관적이지 못하게 할 것입니다. 경험의 일관성이나 통일성은 사용되는 미디어의 양이라는 공시적(synchronic)인 기능에 의해서뿐만 아니라 그러한 미디어에서 우리가 느끼는 친밀함과 같은 통시적(diachronic)기능에 의해서도 결정되기 때문입니다. 그러므로 어떤 사람에게는 이메일을 쓰는 것보다 전화하는 것을 더 편하게 느끼는 것입니다. 만약 그 사람에게 전화가 아니라 이메일을 쓴다면 불편한 느낌이 들 것입니다. 내 생각에 미디어의 다원성은 민주적인 기능도 지닙니다. 테크놀러지 때문에 치러야 할 대가도 있을 것입니다. 첨단 기술과 윤택함을 지닌 선진국에서 자주 잊히는 사실 중의 하나는 세계의 많은 지역이 이러한 첨단 기술 자원을 지니지 못한다는 것입니다. 그리고 심지어는 우리의 현대사회에서도 모든 이가 스마트폰을 지니거나 그 기능을 사용하지는 못한다는 점입니다. 미디어의 다양성은 더 많은 사람을 우리 사회의 서비스와 자원으로 이끌 것입니다.

　　변화에 대한 당신의 질문으로 돌아가 보죠. 새로운 미디어에서 얻어진 우리의 경험과 스타일에서의 변화가 있다는 것에는 아무도 반대할 수 없을 것입니다. 그러나 미디어의 변화를 통해 계속되는 행동과 스타일에 계속성이 있습니다. 이메일이나 문자에 즉시 답신을 하는 사람들은 대체로 전화에도 즉시 답하는 사람들입니다. 이메일 스타일에 예의가 없는 사람들은 스피치, 발성, 제스처에서도 예의가 없는 사람일 것입니다.

2 미디어 테크놀로지의 증가와 몸의 소외

오늘날 손으로 편지 쓰는 것은 커뮤니케이션에서의 디지털 수단이 널리 퍼짐에 따라서 사라지고 있는 것으로 보입니다. 손으로 쓰는 편지와 가장 비슷한 디지털 미디어는 아마도 이메일일 것입니다. 손으로 쓰는 편지에 비하여 이메일을 보내는 것의 편리함은 매우 명백해 보입니다. 그것은 빠릅니다. 디지털 재료는 '편지'를 쓰는 방식을 바꾸어버렸으며, 그 결과 편지를 쓰는 의미도 변화하였습니다. 이메일을 쓸 때 우리의 선택은 훨씬 제한되게 됩니다. 글쓰기의 플랫폼은 이미 주어져 있습니다. 키보드와 하얀 스크린입니다. 당신은 아마도 이것을 다양한 폰트와 사이즈로 꾸밀 수 있을 것입니다. 어떤 이메일 어플리케이션에서는 아마도 이모티콘을 사용할 수도 있을 것입니다. 그러나 표현의 풍부함은 여전히 제한될 것입니다. 당신은 거의 모든 경우에 받는 이가 지니는 플랫폼을 컨트롤할 수 없을 것입니다. 그들이 당신의 이메일을 받는 그들의 이메일 서비스는 아마도 다른 포맷과 환경을 사용할 것이며, 그것은 아마도 그 이메일을 매우 다르게 보이도록 할 수도 있습니다.

흥미롭게도 이러한 한계 때문에 그것은 다른 창의적인 패턴의 방아쇠 역할을 하기도 합니다. 사람들은 이모티콘을 :), :(, ^^ 등과 같은 단순한 텍스트 문자들로 만들어내었습니다. 발명된 이모티콘들은 글쓰기에서 우리의 감정을 나타내는 표준적 방식이 되었습니다. 널리 적용되어 표준화된 것을 사용하는 데 있어서뿐만 아니라 개인들은 키보드 문자를 사용하여 자신의 기분과 정서를 표현하는 그들 자신만의 방식을 발명하였습니다. 또한 테크놀로지는 커뮤니케이션에서의 시간의 지각을 바꾸었습니다. 우리는 결코 손으로 써 보낸 편지의 답장을 단 며칠 만에 받아볼 수 없습니다. 답장을 받는 데 족히 한 달은 기다리는 것이 당연하죠. 이 기다림이 사실상 커뮤니케이션의 '스타일'을 만들어냅니다. 반면에 디지털 수단에서 우리는 많은 경우에 몇 분 후 혹은 SMS나 인스턴트 메시지 서비스 같은 수단을 사용할 경우에는 보내자마자 즉시 답신을 받곤 합니다. 그러한 기대가 타인에게 전해진 생각을 표현하는 방식을 바꿉니다. 이러한 미디어 테크놀로지의 증가가 우리의 커뮤니케이션을 '몸'에서 멀어지게 하지는 않았을까요? 미디어의 변화를 통한 스타일 소통과 경험의 변화는 슈스터만 박사님이 말하는 소마틱 스타일 관점에서 어떠한 시사점들이 있을까요? 우리의 삶에서의 미디어 테크놀로지의 증가가 우리의 몸을 중심에서 멀어지게 하거나 소마틱 스타일을 만들고 향유하는 경험에서조차 몸을 상관없는 것으로 만들지는 않았을까요?

이것은 중요한 이슈로군요. 나는 우선 기본적이지만 매우 중요한 점을 다루며 시작하고 싶습니다. 몸은 모든 미디어(매체)의 어머니입니다. 우리는 항상 몸을 통해 다른 모든 미디어를 사용한다는 점에서 가장 기초적인 미디어라고 할 수 있습니다. 사람들은 일반적으로 몸을 미디어의 반대 축을 이루는 것으로 생각하곤 합니다. 예를 들어 몸이 물질적이고, 무겁고, 느리게 움직이는 것에 비하여 미디어는 가볍고 빠른 것이라고 생각하는 것이죠. 하지만 그 둘은 사실 고대로부터 본질적으로 가장 가깝게 연관된 것입니다. 플라톤은 몸을 영혼의 감옥이라고 비난하지 않았습니다. 대신에 영혼의 도구 또는 삶의 미디어라고 묘사하였습니다. 서양 언어에서 오르가니즘과 몸의 기관(organ)은 그리스어 '오르가논'에서 유래합니다. 그것은 도구나 수단을 의미하였습니다. 미디어는 도구나 수단이며, 우리의 몸은 그것을 통하여 세계를 지각하고 그 안에서 활동하는 도구 또는 미디어, 수단입니다. 몸이 자아(self)[*]의 미디어 또는 도구라는 생각은 플라톤이 자아나 인격은 몸이 아니라 영혼이라고 했던 논의에서 언급되었습니다. 플라톤은 도구의 사용자와 사용되는 도구 사이에는 항상 본질적인 차이가 있다고 주장하였습니다. 망치를 쓰는 목수는 그가 사용하는 망치와는 본질적으로 다른 것처럼 말이지요. 플라톤이 말하기를 우리는 몸을 도구로 쓰기 때문에 반드시 우리가 사용하는 도구와는 달라야 한다는 것, 따라서 우리는 몸이 아니라 영혼이나 마음이어야 한다고 하였습니다. 그러나 생각해보면 우리는 마음 역시 도구로써 사용한다는 것을 꼭 기억해야 할 것입니다. 그리고 영혼이나 정신 역시 에너지나 믿음, 의지력이나 희망을 우리에게 지니게 하는 도구로써 사용되고 있습니다. 그러므로 같은 논의를 적용한다면 마음이나 영혼이 그 자아를 결정하는 것이 아니라고 할 수도 있을 것입니다.

　　수단 또는 미디어[서양에서는 '메손(meson, 그리스어)', '메디우스(medius, 라틴어)', '미텔(Mittel, 독일어)', '무아영(moyen, 프랑스어)']는 두 가지 다른 것의 중간에 있는 것으로 그 둘을 중개하는 것입니다. 그것은 양쪽을 연결하기도 하지만 그 사이에 있는 것에 의하여 그 둘

---

* 　여기서는 self를 문맥상 '자아'로 번역하였습니다. 철학 용어인 self는 '자기' 또는 '자아'로 번역되지만, 엄격하게는 self를 '자기'로 ego를 '자아'로 분리하는 경우도 있습니다. 여기서는 심리철학에서의 '몸-마음(body-mind)'의 문제에 대한 슈스터만 박사님의 생각이 드러나고 있습니다. 통례로 몸은 사용되는 것, 마음은 사용하는 것이며, 그렇기 때문에 self(그 인격 주체를 지닌 자)는 마음이라는 생각이 있는데, 박사님은 "마음 역시 도구로 사용될 수 있다"고 이의를 제기하고 있는 것입니다.

을 구분하기도 하지요. 그러한 미디어의 양면성은 목적 수단으로서 미디어의 도구적 감각에서 나타납니다. 그것은 목적으로 향하는 수단이기는 하지만 그 길을 막고 서 있습니다. 반드시 그것을 통해 가야 하며, 원하는 목적을 이루기 위해서는 그것을 쓰는 것을 견뎌야 하지요. 그러나 우리의 주목을 끎으로서 우리가 찾는 목적에 향하는 것을 방해하기도 합니다. 플라톤의 몸 도구성에 대한 비판은 이러한 몸의 방해하는 측면을 강조합니다. 음식, 요리, 잠, 그리고 다른 동물적 만족에 대한 몸의 갈망은 우리가 진리로 향해 가는 것으로부터 방해합니다. 그리고 플라톤에 의하면 우리의 몸의 약함과 정열(몸이 공간적으로 특정 장소에 의해 정해지는 하나의 관점에 제한되는 육체적 한계를 포함하여) 또한 우리의 현실로 향하는 감각을 왜곡합니다.

철학이 꿈꾸는 것 중 하나는 몸의 한계지어진 관점과 새로운 첨단과학을 통한 방해의 한계에서 빠져나오는 것입니다. 첨단과학에서 우리는 몸의 감각적 한계와 공간적 제한 없이 몸의 무거움과 느림, 그것의 육중한 물질성 없이 세계를 경험할 수 있습니다. 그래서 사이버 스페이스 개념인 매트릭스를 자신의 책『뉴로맨서』(*Neuromancer*)에 착안한 과학소설 작가 윌리엄 깁슨은 "몸은 고기이며…… 살덩이의 감옥이다"라고 불평하였습니다. 그러나 가장 최신의 미디어 테크놀로지에서조차 실제로 몸의 필요성을 없애버리지는 않았습니다. 먼저 우리가 이러한 첨단과학을 작동하기 위해서는 몸을 쓸 필요가 있기 때문에 그렇지요. 우리가 단순히 세계를 경험하기 위해서는 항상 몸을 쓸 필요가 있습니다. 첨단과학 없이 존재하는 이른바 자연 세계라 불리는 것 때문만이 아니라 우리를 위해서 만들어진 첨단과학의 세계를 경험하기 위해서이기도 합니다. 그래서 깁슨의 과학소설 미디어 판타지에서, 사이버 스페이스는 몸을 통하여 감각적·정서적으로 즐기게 도 하지만 고통을 겪게 하기도 합니다. 그러므로 그 소설의 주인공의 경우 매트릭스에서의 흥미진진한 모험에서 빠져나옵니다. 그 이유는 우리가 강력한 감정(emotion)을 느끼는 데에는 몸과의 관련이 필수적이기 때문입니다. 현대 신경과학(그리고 윌리엄 제임스가 1890년대에 이미 논한 것처럼)에서 알 수 있듯이 감정은 몸을 통하지 않고는 성립할 수 없습니다.

우리의 소마틱 스타일을 드러내지 않기 위하여 우리의 몸을 감춘다고 하여도 우리의 몸은 여전히 우리의 소마틱 스타일을 그들의 정서적 반응을 통해, 그리고 첨단과학 도구를 사용하는 매너를 통하여 표현할 것입니다. 예를 들어 이메일의 답신이나 문자를 보내는 데 있어서 빠름, 부주의함, 또는 어리바리함처럼 말이지요.

3　스타일 표현 수단으로써의 미디어의 변화

지금까지 첨단과학의 발전, 특히 미디어의 발전은 점점 더 가속되어왔습니다. 미국의 공상과학 소설가이자 퓨처리스트(Futurist) 브루스 스털링(Bruce sterling)은 제품이 어떻게 특정 개인의 쓰임과 기술에 맞추어 기술의 발달에 따라 수공 제작에서 대량 생산을 거쳐 컴퓨팅 제품에 이르기까지 제품에 대한 사람들의 기대감과 관계가 어떻게 변화해왔는가를 명쾌하게 설명한 바 있습니다. 대량 생산품은 특정 개인을 위해 디자인되지 않았으며, 기계적으로 기능을 수행하며, 기술 혹은 창조적인 디자인에 의존하지 않고는 특별한 제품으로 여겨지기 쉽지 않습니다. 그런 반면 인터랙티브 제품은 개성적 인간의 인풋과 개인적 취향 또는 경향이 수행의 기능과 제품의 작동에 결합합니다. 제가 질문하고 싶은 것은 우리가 소마틱 스타일을 다양한 미디어에서 어떤 방식으로 이해할 필요가 있느냐는 것입니다. 그리고 소마틱 스타일에 대한 우리의 생각이나 형태가 어떻게 시간의 흐름에 따라 새로운 미디어의 탄생을 통하여 변화하느냐 하는 것입니다. 그렇다면 우리의 스타일을 표현하는 도구인 미디어에 대해 우리가 갖는 역할의 변화에 따라 소마틱 스타일의 정의와 관점도 함께 변화한다고 보아야 할까요? 또한 미디어의 변화에 따른 생산 시간의 단축, 효율성 증가, 미디어 도구와 내 몸과의 일치성 정도의 변화 등 이런 여러 가지 이슈들과 관련하여 소마틱 스타일이라는 개념이 어떻게 재정의될 수 있을까요?

그것은 중요한 이슈입니다. 그리고 그것에 대한 짧은 대답으로 나는 당신의 의견에 동의합니다. 몸은 세계를 경험하거나 세계 안에서 행동하는 데 있어서 기초적인 미디어입니다. 그러나 그것은 다른 것(비유기적 제품을 포함하여)들의 한계를 몸의 기능과 자기 이미지에 결합할 수 있는 가변적이고도 유연한 미디어입니다. 물론 우리는 인간의 소마(soma)가 인간적이지는 않지만 유기적인 박테리아와 같은 유기체를 지니고 있다는 것을 압니다. 그리고 그러한 우리의 소마 일부가 된 외부의 유기체는 건강과 신체기능에 핵심적입니다.

그러한 비유기적 도구나 미디어가 우리의 몸 일부가 되는 가장 명확한 예는 많은 사람이 쓰는 안경일 것입니다. 안경은 우리의 시야를 확보하는 미디어 수단이며, 자연적으로 생긴 몸의 일부분은 아니지만 우리는 여전히 안경을 우리의 신체적 이미지의 일부로 생각하고 있습

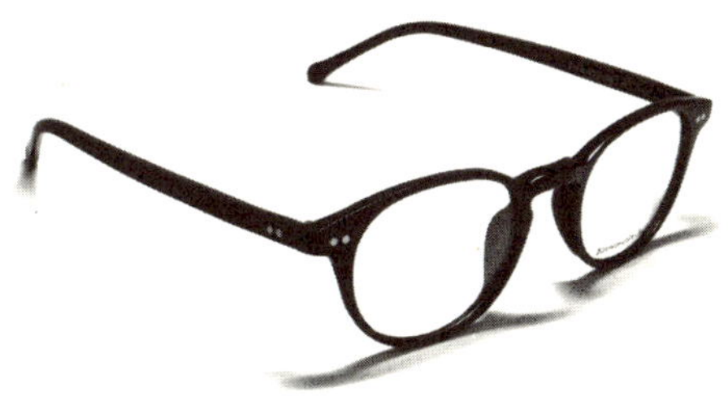

니다. 만약에 당신이 안경을 매일 쓰고 사람들이 그것을 당신의 소마틱 스타일의 일부로 본다면 말이죠. 시각장애인이나 나이 든 사람의 지팡이는 몸 밖에 있는 것이지만 사람의 몸에 습관과 신체적 동일성의 감각으로 하나가 되는 것은 이러한 것의 또 다른 예일 것입니다. 이런 식으로 지팡이 기능은 시각장애인에게 단지 외적인 대상일 뿐만 아니라 현실세계를 지각하는 감각기관의 확장입니다. 지팡이를 길의 커브를 느끼기 위해 사용할 때 시각장애인은 지팡이를 자기 손의 확장인 낯선 대상으로서 느끼는 것이 아니라 그것을 통해 커브를 느끼는 소마의 감각 미디어로서 느낍니다. 마찬가지로 우리는 특히 안경을 쓰는 경험을 물건으로 보거나 나누어진 것으로 느끼지 않고 우리 눈의 확장으로서 느낍니다. 나의 논문「소마틱 스타일」(somatic style)에서 언급한 것처럼 지팡이는 사람의 소마틱 스타일 일부를 만들 수 있으며, 그 사람의 시각적으로 드러나는 외면으로 그것이 공헌하는 데 있어 다른 사람에 의해 감상될 수 있을 뿐만 아니라 그 사람의 청각적 또는 음향적 차원의 스타일로서 감상되기도 합니다.

　　만약 우리가 현대의 소마틱 테크지놀로지를 고려한다면 사람 몸의 일부로 소개되어 그의 소마틱 스타일에 영향을 미칠 수 있는 셀 수 없을 만큼 많은 보철기구의 예가 있습니다. 테크놀로지의 새로운 발전과 함께 보철기구의 수와 사용은 더욱 증가할 것입니다. 만약 그것들이 부상과 질병을 완화하기 위하여 사용된다면(예를 들면 보철로 된 팔과 다리 또는 인공 심장) 그들은 아마도 부상당하거나 장애가 있는 사람들을 보통의 상태로 되돌리기 위해서뿐만 아니라 이미 잘 기능하고 있는 신체를 가진 사람들이 특수한 이점을 얻기 위하여 테크놀러지에 의해 강화된 신체를 가지려 할 것입니다. 예를 들어 강화된 몸 부분의 보철은 우리의 팔과 다리를 더 강하게 할 것이며, 더 숙련되거나 심지어는 우리의 감각 지각이나 인지 기능마저 향상하려 할 것입니다. 이러한 의학적 보조품들이 늘어나면 늘어날수록 피드백 메커니즘이 완성되어 그들을 더욱더 신체 기능과 우리 몸의 이미지에 합쳐진 부분으로 여길 것입니다.

몸의 일부가 된 이들 의학적 보조품은 중요한 윤리적·사회적 문제를 제기합니다. 만약 첨단과학 수단으로 우리의 소마틱 스타일을 극도로 향상한다면, 우리는 이것을 아무런 한계 없이 허가해야 할까? 인간으로서 우리의 감각 부분이 자연스러운 인간의 몸을 가지는 것이지 기계 인간의 사이보그로 하이브리드 된 몸을 가지는 것이 아니라면 신체적 발전에 아무런 제한 없는 실험에 의해 인간적 이미지를 잃어버리지는 않을까? 게다가 그러한 첨단과학적 발달은 매우 많은 비용이 들 것이기 때문에 미래적인 첨단과학에 의한 향상된 소마틱 스타일을 발전시키려는 생각은 미래사회에 그것을 사용하는 사람과 아닌 사람의 두 가지 계층, 또는 인종을 만들지는 않을까? 부자는 돈으로 살 수 있는 첨단과학을 통하여 아름답고 강력한 몸을 가질 것이지만, 가난한 이는 자신들을 강하고, 더 매력적이고, 더 뛰어난 기술을 지니고, 더 훌륭한 인식 능력(뇌의 보철 또는 다른 신경 공학 기구를 통한)을 만들어주는 소마틱 액세서리를 살 수 없지는 않을까? 우리는 이러한 불균형을 받아들여야 할까? 신체적 증강을 제한하는 것에 맞서 싸워야 할까?

이러한 질문들은 철학자 J. J. 아브람스에 의해 구체적으로 다루어졌습니다. 그는 신체미학을 포스트휴머니즘이라 불리는 문제에서 논하였습니다. 그리고 나는 그 문제의 윤리적 측면을 논하였습니다. 그러나 우리는 이러한 문제들이 오직 첨단과학이 발전한 미래에서만 일어난다고 생각하여서는 안 될 것 입니다. 우리는 이미 그 문제를 가지고 있습니다. 우리는 이미 우리를 더 매력적으로 보이게 할 수 있는 모든 종류의 보철과 의학적 도구를 지니고 있습니다. 그것을 쓰려면 많은 돈이 필요합니다. 모든 사람이 자신의 소마틱 스타일을 향상할 수 있다고 하여도 부자는 가난한 이보다 자신의 소마틱 스타일을 더 잘 꾸밀 수 있습니다. 그리고 우리는 모든 향상이 많은 돈을 필요로 하지는 않지만 소마틱 스타일을 향상하는 모든 것이 조금이더라도 노력과 주의를 필요로 한다는 것을 기억해야 할 것입니다.

어떻게 새로운 미디어 제품과 액세서리가 소마틱 스타일을 정의하는 데 쓰일 수 있는가를 살펴볼 때, 우리는 어떻게 미디어 액세서리가 사람의 신체적 이미지와 스타일에 병합되는가에 대한 훌륭한 예이기도 한 우리 몸에 걸치는 패션이라는 친숙한 액세서리를 잊어서는 안 될 것 입니다. 안경은 단지 보기 위한 수단이거나 미디어가 아닙니다. 그들은 패션적인 자기표현을 위해 쓰일 수 있습니다. 사람은 모자나 가발을 자신의 몸 일부이며 자신의 소마틱 스타일 일부로 느끼는 것을 배울 수 있습니다. 이와 비슷하게 사람은 종종 자기 옷을 자기 몸의 확장이거나 부분으로 느낍니다. 많은 사람은 벌거벗었을 때보다 옷을 입었을 때 사회적으로 편안하게 느낄 뿐만 아니라 신체적으로 편안하게 느끼고, 더 자연스럽고, 더 자기 자신답다고 느낍니다. 브래지어의 고무 재질 때문에 덜 편안해 보이는 데도 불구하고 어떤 여성은 브래지어를 착용하는 것에 너무 익숙하여 잘 때에도 브래지어를 착용합니다. 우리는 이 책의 다른 부분에서 패션에 대해 다룰 것이지만, 여기서도 패션을 언급해야 할 것입니다. 패션은 당신의 첫 번째 질문에서 정의한 것처럼 분명히 일반적인 감각에서 미디어입니다. 즉, 패션은 "메시지를 커뮤니케이션하는 수단"입니다. 패션은 확실히 그 자신에 대한 메시지를 커뮤니케이션합니다. 그리고 패션은 확실히 역사에 따라 변화하고, 문화를 넘어서서 우리에게 다양한 소마틱 스타일이라는 넓은 다양성을 제공합니다.

4 소셜 미디어와 확장된 나

순수한 소마틱 스타일은 내가 내 몸의 모든 것을 통해 의식적 혹은 비의식적으로 나를 표현하게 되면서 형성되고 드러나는 모든 스타일을 뜻하는 것일 것입니다. 그런데 이렇게 나의 내재한 스타일을 드러내게 되는 수단이 비단 내 몸이 아니라 다른 소스들을 통하게 될 때 소마틱 스타일이란 어떻게 재해석되는 것일까요? 한 사람의 몸을 통한 스타일 표현 수단은 그것이 목소리이든, 표정이든, 제스처나 자세이든 간에 그 사람의 머리와 신경을 통해 구석구석까지 연결되어 컨트롤됩니다. 하지만 페이스북이나 트위터 같은 소셜 공간에서는 한 개인이 자신을 표현하고 또 스스로 관찰하고 재창조해나가는 과정이 이루어지는데, 이는 몸을 통한 스타일 창조 과정과는 적어도 형태적으로는 매우 다릅니다. 그렇다면 '나'라는 존재의 표현 수단이 다양한 미디어를 통해서 확장될 때 소마틱 스타일 개념이 어떻게 확장되고 적용되어야 하며, 소마틱 스타일 개념으로 새로운 소셜 미디어를 재해석함으로써 이러한 새로운 '나'의 창조 활동이 어떻게 새롭게 이해될 수 있을까요?

이전에 제가 말한 것처럼 소마는 우리의 원초적 미디어입니다. 그것을 통해 우리는 모든 다양한 미디어를 사용하며, 그들을 우리의 소마틱 셀프 이미지나 타인의 소마틱 이미지로 병합하지요. 우리는 아마도 사람의 소마틱 이미지를 특정한 안경, 옷 입는 스타일, 지팡이, 모자 또는 걷는 것 대신에 매일매일 사용하는 스케이트보드와 동일화시킵니다. 거기에는 핵심적이고도 확장적인 소마가 있을 것입니다. 그리고 그러한 확장적 소마는 원래 소마의 시각적이거나 청각적인 흔적을 디지털 미디어를 통해 표현한 것, 그리고 지금은 대부분 인터넷을 베이스로 한 수많은 겹쳐진 대화의 네트워크를 넘나드는 미디어를 통해 커뮤니케이션된 것을 포함합니다. 내가 「소마틱 스타일」에서 설명한 것처럼 사람의 스타일은 경향이라고 하여도 그것은 시간에 따라 변하며 같은 스타일을 다양한 경우에 맞추어서 사용하게 됩니다. 소마틱 스타일은 일반적인 소마틱 스타일(또는 가장 깊은 몸의 구조)을 상황에 따라서 다양하게 받아들이기 때문에 또한 상황적이며, 같은 사람이 수많은 스타일을 표현할 수 있습니다. 예를 들면, 여성 경찰관은 자신의 아기를 돌볼 때는 아마도 어머니의 소마틱 스타일을 지닐 것이며, 그녀의 남자 친구와 데이트 할 때는 소녀 같은 소마틱 스타일을 지닐 것이며, 범죄자나 자신의 동료 경찰관과 일할 때는 매우 터프하고 사나운 소마틱 스타일을 지닐 것입니다. 사람들은 자신이 살고 있는 다양한 컨텍스트와 사회적 역할 때문에 다양한 소마틱 스타일을 가질 수 있는 것처럼 그들의 다양한 사회적·직업적 역할 때문에 다양한 자아를 가질 수 있습니다. 예를 들어, 나는 나의 열 살인 내 딸에게 보여주는 것과는 다른 자아를 나의 학생들에게 나타냅니다. 그리고 나의 동료에게 보여주는 것과는 다른 자아를 나의 가까운 친구에게 나타냅니다. 소마는 자아의 핵심입니다. 소마는 우리가 볼 수있는 확장된 미디어에 병합될 수 있지요. 그러나 자아는 그 사람이 자신의 몸이나 가장 핵심적인 것은 아니지만 자신에게 속한 것으로 생각하는 것들을 포함하여 소마를 넘어선 것으로 확장될 수 있습니다. 예를 들어 나의 글과 나의 아이들은 나의 확장으로 볼 수 있습니다. 만약 나의 글이 비평가들에 의해서 공격당한다면 나는 공격된 것이 나의 몸이나 소마가 아님에도 내가 공격당한 것처럼 여길 것입니다. 만약에 나의 아이가 공격당한다면 내 몸에 직접 닿은 것이 아님에도 내가 다친 것처럼 느낄 것입니다. 그러나 이것들은 궁극적으로는 확실히 인간의 소마에서 이끌어진 자아의 비신체적 확장입니다. 나는 나의 글을 나의 몸을 통한 행동에 의해서, 그리고 소마의 살아 있는 경험과 지각을 통하여 배워온 개념에 기초하여 씁니다. 나의 아이들은 나의 몸을 통해 단지 생물학적인 이유 때문에 생겨난 것이 아니라 나의 신체적 주의가 그들을 많은 시간에 걸쳐 먹이고, 옷을 갈아입히고, 씻기고, 잠을 재우고, 안아 옮기고, 운전해주고, 정서적인 지원을 해주고, 몸의 접촉을 통하여 사랑을 표현하였다는 사실에 의하여 생겨난 것입니다.

당신의 질문이 강조한 것처럼 자아를 나타내는 방법은 네트워크의 새로운 인터넷 사회를 통하여 진화하였습니다. 이러한 네트워크는 자아가 재현되는 모든 장소(스크린이나 단말 장치)에 실제로 몸이 나타나는 것을 요구하지 않습니다. 그러나 그렇다고 해서 네트워크를 통하여 자아가 재현되는 것에 우리의 소마나 소마틱 스타일이 전혀 보이지 않는다는 것을 의미하지는 않습니다. 특히 자아는 이러한 네트워크에서 재현되지만, 이미지에서도 개인의 소마틱 스타일이 나타나기도 합니다. 예를 들면 가장 자주 쓰이는 사진이 그 사람의 이름을 네트워크에서 찾아내는 데 사용됩니다. 사람은 소마틱 스타일에서 그들이 보이고 싶어 하는 자신과 닮은 사진을 고를 것입니다. 포스팅된 사진은 사회 미디어에서 개인이 자기를 나타내는 정보의 많은 부분을 형성합니다. 여기서 다시 한 번 이미지는 어떤 행사를 기념하기 위해서가 아니라 항상 어떤 소마틱 스타일을 나타내기 위하여 선택됩니다. 우리는 분명히 사람의 소마틱 스타일을 그가 포스팅한 종류의 사진으로 느낄 수 있습니다. 우리는 아마도 그 사람의 스타일을 그가 포스팅한 사진들에서 추측하기까지 할지도 모릅니다. 예를 들면 수줍어하는 소마틱 스타일을 지닌 사람은 많은 사진을 포스팅하지 않을지도 모릅니다. 그러나 거기에는 예외가 있겠지요. 예를 들면 매우 부끄럼이 많은 사람이 자신의 수줍음을 상쇄하기 위해 자신의 핵심적 소마가 드러나지 않아도 되며 가짜 이미지를 내보일 수 있는 디지털 미디어에서는 매우 적극적으로 자신을 드러낼지도 모르겠습니다.

　물론 가짜 사진을 포스팅하는 것은 원래 그 사람의 소마틱 스타일이 아닌 다른 소마틱 스타일에 대한 감각을 만들어낼 수 있습니다. 또한 사람은 가짜 이름을 만들어내고 다른 사람의 사진을 사용함으로써 가짜 신분을 만들 수 있습니다. 그러나 속임수의 가능성은 새로운 인터넷 미디어의 등장 이전에도 존재했습니다. 사람은 신분증을 위조할 수 있었고 자신의 정체를 숨길 수 있었으며 반대 성의 옷을 입기까지 했습니다. 새로운 사회적 미디어에서 문제가 되는 것 중 하나는 사람들이 자신의 사진을 포스팅할 수 있을 뿐만 아니라 다른 이의 사진도 포스팅할 수 있다는 것입니다. 인터넷에서 이러한 사진들을 포스팅함으로써, 또는 그 사진을 퍼뜨림으로써 타인들은 다른 사람의 지각된 소마틱 스타일을 그 사람의 동의 없이 이미지를 지우거나 이미지들이 퍼지는 것을 컨트롤하는 본인의 능력 없이 만들어낼 수 있습니다.

5　미디어의 다원화와 스타일의 컨트롤

페이스북 같은 소셜 미디어에서는 자신에 대해 계속적으로 알리거나 업데이트하지 않아도 그 공간에 찾아오는 다른 사람들에 의해 '나'라는 사람의 스타일과 형태가 자연스럽게 창조되고 표현됩니다. 이는 자신의 스타일을이 형성되는 상황을 스스로 컨트롤할 수 없게 되어간다고도 볼 수 있겠습니다.

　이렇게 사이버 공간으로의 확장된 '나'를 가지게 되는 것뿐만 아니라, 이러한 공간이 서비스마다 다양하게 창조될 수 있기 때문에 '나'라는 존재가 한 가지 형태로만 존재하지 않을 수도 있습니다. 즉 '다중의 나'가 자연스럽게 생겨납니다. 이렇게 미디어의 진화에 의해 '나'라는 존재의 표현 행태가 다양하게 변화함에 따라 소마틱 스타일의 개념과 관련하여 여러 가지 새롭게 생각해볼 논제들이 생겨난다고 생각합니다. 이와 관련하여 이런 질문을 할 수 있을 것입니다. '나'의 스타일을 나 스스로 컨트롤할 수 없는 이러한 새로운 현상 안에서 '나'의 소마틱 스타일이란 어떻게 재정의 혹은 재해석될 수 있을까요?

　　여기에는 적어도 두 가지 문제가 있겠군요. 첫째는 넓은 공적 공간에서 자신의 이미지를 컨트롤할 수 없게 되는 것입니다. 왜냐하면 타인이 잘못 표현된 나의 이미지를 퍼뜨릴 수 있기 때문이지요. 인터넷 이전에도 그 문제는 사진에서 나타났습니다. 예를 들면 사진을 애호했던 롤랑 바르트는 사진 이미지가 특정 순간에 사람의 이미지를 잡아내는 데 엄청나게 무서운 힘을 가지고 있다는 것, 그리고 그 이미지가 언제나 그 사람을 정의하는 데 사용됨으로써 그 사람의 변치않는 핵심적 특성으로 보이도록 한다는 것을 알아챘습니다. 신문, 책, 잡지 등등에서 말이죠. 본인이 자신을 보지도 않았으며, 그런 식으로 나타나기를 바라지 않았는데도 말입니다. 게다가 우리는 사진이나 현실에서는 절대 나타날 수 없는 식으로 사람의 이미지를 나타낼 수도 있습니다. 사람들은 실제 사진을 왜곡시킨 이미지를 통해 그 사람의 자아를 해석합니다. 타인이 자신의 실제 사진 이미지를 공적 공간에 왜곡시키거나 잘못 나타낼 수 있다는 가능성은 인터넷 소셜 네트워크상에서 개인이 처할 수 있는 위험이 우리 사회에 확실히 존재한다는 것을 말해주는 것이겠지요. 몇몇 사람들은 이러한 이유로 소셜 네트워크에 참여하지 않고 있습니다. 그러나 참여하지 않더라도 그 사람은 여전히 자신의 사진이 포스팅된 것으로 고통받을 수 있습니다. 그러나 이렇게 자신의 이미지가 왜곡되거나 그 이미지를 더 이상 컨트롤할 수 없게 된다는 것은 완전히 새로운 문제는 아닙니다. 그것은 철학만큼이나 오래된 문제이며 플라톤의 논쟁에서 나타납니다. 오직 미디어만이 바뀌었지요. 플라톤의 대화편인 『파이드로스』에서 소크라테스는 어째서 자신이 철학적인 문서를 쓰지 않고 오직 구두로 하는 대화에 의해서 전달하는지에 대해 설명합니다. 그 이유는, 말로 설명할 경우에 직접 자신을 드러내고 왜곡과 잘못된 해석에서 자신이 뜻하는 바를 변호할 수 있기 때문이지요. 즉, 자신의 진정한 이미지를 그의 말이 잘못된 해석을 통해 왜곡되는 것으로부터 보호할 수 있지요. 왜냐하면 말을 통해 표현하는 사람의 생각과 신념과 태도는 그 사람의 자아 이미지나 스타일에 현저하게 공헌하기 때문이지요. 소크라테스는 비판하였습니다. 미디어로서의 텍스트는 고아와 같기 때문에 진리와 삶의 진정한 이미지를 보호하지 못하게 한다고요. 즉, 그에 따르면 텍스트는 잘못된 이해와 왜곡에서 자신을 보호할 부모가 없으므로 신념과 스타일 그리고 그 텍스트를 만든 자아에 대한 잘못된 이해로부터도 자신을 보호할 이가 없다는 것입니다. 텍스트는 복사되고 그것의 의미를 명확하고 타당하게 하는 문맥으로부터 동떨어지게 됩니다. 그리고 같은 식으로 소셜 네트워크에 쓰인 이미지는 위험하게도 잘못된 인상을 줄 수 있습니다. 왜냐하면 그것들이 문맥에서 잘려서 다른 문맥에 삽입되었을 때 다른 의미를 가리키게 되기 때문입니다. 이것은 사람의 목소리, 말, 그 사람의 실제 소마의 외부에 있는 소마 이미지를 (소마가 실재의 공간과 시간, 인식적 깨달음에 존재하는 것처럼) 기록할 수 있는 모든 미디어, 그리고 그러한 소마의 흔적들이 원래의 소마에 통제되는 것(또는 존중하는 것) 없이 사용되는 것들로 인한 위험입니다. 이러한 새로운 미디어는 너무 강력합니다. 왜냐하면 부분적으로는 우리의 자아에 대한 감각에서 너무나도 중요한 매우 다양한 감각 차원들을 기록하고 전달할 수 있는 능력 때문일 것입니다. 그들은 여전히 소마틱 스타일의 모든 감각 차원들(냄새와 맛)을 적절하게 다루고 있지는 못하지만, 곧 모두 다룰 수 있게 될 것입니다.

또한 당신의 질문은 자아의 통제를 잃는 것에 관한 또 다른 문제를 주목하게 합니다. 그 문제는 아마도 우리에게 덜 친숙하고 더 복잡한 것일 것입니다. 그것은 사람이 공적 영역에서 그 자신의 이미지와 스타일에 대해 매우 걱정할 수 있다는 문제인데요. 소셜 네트워크에서든 매스미디어에서든 (만약에 그가 그 미디어를 쓰는 성격이라면) 그는 자신과 자신의 소마틱 스타일을 자신의 디지털 공적 미디어 이미지와 완전히 같은 것으로 여기고, 그 이미지가 생성되고 유래된 자신의 실제 살아가는 데 있어서의 소마의 감각을 잊어버릴 것입니다. 그는 아마도 페이스북 상의 자신의 이미지를 스타일라이징하는 데 몇 시간을 소비하며, 자신의 진짜 얼굴에는 별로 시간을 들이지 않을 지도 모릅니다. 그는 아마도 다른 이들이 자신의 포스팅된 이미지나 텍스트를 읽을 때 갖게 될 상상 속의 느낌에 전적으로 주목하기 때문에 자신의 몸의 느낌에 대한 뚜렷한 감각을 잊어버릴 것입니다. 내가 말하고자 하는 것은 소셜 미디어에서의 자아는 언제나 위험한 판타지이며, 실제의 몸만이 진정한 자아라는 것이 아닙니다. 그보다 미디어에 비추어진 자아에 몰두하는 것이 다른 모든 미디어가 의존하고 있는 우리의 가장 기초적인 미디어인 신체적 자아에 적절히 주의하는 것을 방해한다는 것입니다. 몸 자체로서의 자아와 몸이 표현하는 스타일에 적절히 주의를 기울이는 것은 자신의 패션 감각이나 자기 몸의 결점, 또는 유한한 몸의 생명력에 강박되어야 한다는 것이 아닙니다. 적절한 주의란 우리 몸의 사용을 지각, 행위 그리고 쾌에 향상하는 올바른 컨텍스트에서 알맞은 주목의 수단과 올바른 종류의 주목을 의미합니다. 나는 이것을 『몸의 의식』(*body Consciousness*)과 『삶의 미학』(*Performing Live*)에서 자세히 설명하였습니다.

[참고문헌]

- Kuutti, Kari. "Activity Theory as a Potential Framework for Human-Computer Interaction Research." In *Context and Consciousness: Activity Theory and Human-Computer Interaction*, edited by Bonnie Nardi, 17-44. Cambridge: The MIT Press, 1995.
- McLuhan, Marshall. "The Medium Is the Message." In *The New Media Reader*, edited by Noah Wardrip-Fruin and Nick Montfort, 203-209. Cambridge: The MIT Press, 2003.
- Sterling, Bruce. *Shaping Things*. Cambridge: The MIT Press, 2005.

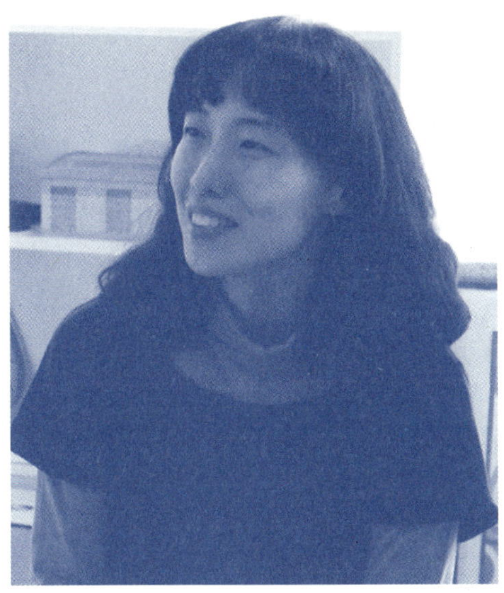

임윤경
Youn-kyung Lim, Ph.D.

[경력]
- 현 KAIST 산업디자인학과 부교수(2011.03.~현재)
- 전 * KAIST 산업디자인학과 조교수(2008.02.~2011.02.)
  * 미국 인디애나 대학(Indiana University,
    Bloomington) 인포매틱스 학과 HCI 디자인 프로그램
    조교수(2004.08.~2008.01.)
  * 미국 인디애나 대학(Indiana University,
    Bloomington) 인포매틱스 학과 HCI 디자인
    프로그램에서 박사후과정(Post-doctoral Fellow)
    (2004.01.~2004.07.)
  * 미국 Illinois Institute of Technology의 Institute of
    Design에서 Part-time Lecturer (2003.08~2003.12.)

[학력]
- KAIST 산업디자인학과 졸업(1997)
- 미국 Illinois Institute of Technology의 Institute
  of Design에서 디자인 석사학위(1999) 및 박사학위
  취득(2003)

[대표 실적]
- 2009년 Microsoft Research New Faculty Award
  수상(Microsoft Research Asia(MSRA))
- 경험중심 디자인(experience-centered design) 및 미적
  인터랙션 디자인(aesthetics of interaction) 분야에서
  다수의 저명 국제 학술저널 및 국제 학술대회 논문 게재
- 한국디자인학회 상임이사 역임(2012~현재)
- 한국HCI학회 이사 역임(2012~현재)
- ACM CHI 국제학회 등 다수의 저명 국제학회에서 프로그램
  커미티 역임

Email: younlim@kaist.ac.kr
Homepage: http://cixd.kaist.ac.kr

종교와 스타일
Religion and Style

신은희
(경희대 후마니타스칼리지
종교학 교수)

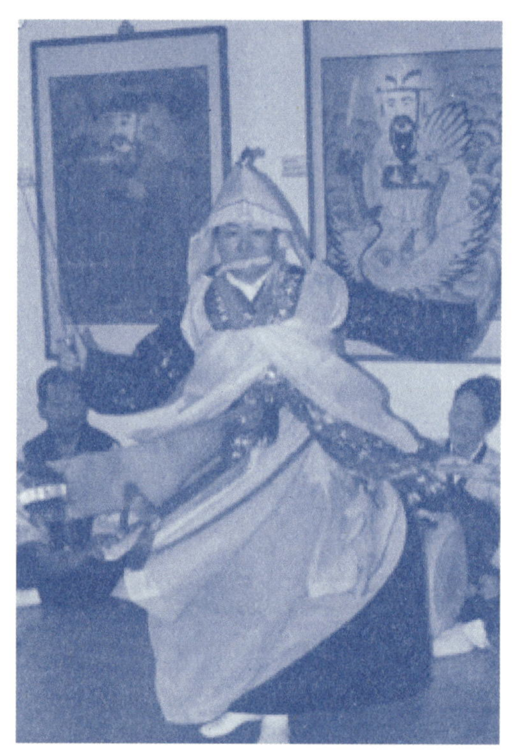

황해도 굿거리 중 '칠성거리'
황해도 굿보존회 회장 신명기 만신이 칠성거리를 집례하고
있다. 한국의 굿은 보통 12거리로 구성되어 있다. 칠성거리는
후손들에게 명과 복을 주는 거리다. 무복의 스타일이 불교와
밀접한 관련이 있는 것으로 알려져 있다.

이 장의 테마: 한국적 종교 스타일의 재해석

한국의 종교 스타일은 다양성과 공존성의 조화라고 할 수 있다. 한국에는 전통문화로 이어져 내려온 샤머니즘을 비롯하여 유교, 불교, 민족종교들이 한국적 기층문화와 결합하면서 독특한 종교적 복합성을 지닌 하이브리드 스타일로 발전해왔다. 한국 정신문화의 원형인 샤머니즘은 시대적 탄압과 핍박 속에서도 여전히 현대인의 중요한 종교적 문화 스타일로 자리 잡고 있다. 거리마다 쉽게 찾을 수 있는 사주 카페, 점집, 철학관 등은 개인의 종교 스타일뿐 아니라 공동체적 종교문화의 스타일로서 한국인의 삶과 밀접하게 연관되어왔다. 오늘날 K-Pop의 국제적 열풍 현상도 한국인이 지닌 고유한 리듬과 엑스터시 영성에 기초한 감성문화가 대중적 파급력으로 발현된 사례라고 할 수 있다. 이러한 '샤먼적 신기(神氣)'와 함께 한국 종교 스타일을 지탱해온 정신은 '유교적 문기(文氣)'와 불교적 선(禪) 사상일 것이다. 한국사회는 이처럼 다양한 종교 스타일이 상호 교차하고 공존하면서 갈등 속에서도 새로운 창조와 화합을 탄생시키는 융합적 스타일을 유지해오고 있다. 이 장에서는 공존의 영성으로 전통과 현대를 가로지르며 변화해온 샤머니즘, 유교, 불교의 소마틱 스타일에 관하여 생각해보고자 한다.

1 유교와 불교의 소마틱 스타일에 관하여

전통적으로 한국인의 의식 속에는 '신체발부수지부모(身體髮膚受之
父母)'라는 유교적 효 관념에 기초하여 육체의 훼손과 변형에 대한 저
항감이 존재해왔습니다. 유교적 관점에서 몸은 효를 실천하는 '예(禮,
propriety)'로서의 몸이며, 이는 자연 상태로 몸을 유지하는 것입니다.
이러한 가치관이 극명하게 나타났던 역사적 사례는 1895년 고종이 단
행한 '단발령' 사건일 것입니다. 조선 유림의 거두 최익현은 국왕의 머
리를 직접 자른 유길준의 단발 권유를 비판하며 목숨을 걸고 이렇게 저
항하였습니다. "왕명이라 해도 따를 것이 있고 따르지 못할 것이 있는
법이다. 의에는 언제나 옳고 그른 것이 있는 법이니, 사람을 죽일 수는
있어도 그 도(道)는 허물 수 없으며, 머리는 벨 수 있어도 그 뜻만은 결
코 빼앗을 수 없다."고 말이죠. 이러한 관점은 여전히 한국인의 정신세
계 속에 중요한 가치관으로 남아 있습니다. 최근까지도 한국인의 장례
풍습은 화장이 아닌 매장문화가 주류였습니다. 죽음 이후에도 자연적
몸과 스타일을 보전하는 것이 삶을 마감하는 한국인의 예법이었습니
다. 하지만 현대 한국사회에서 몸과 스타일에 관한 유교적인 전통이 허
물어지는 사건과 계기가 있었습니다. 예를 들면, 1970년대 학생운동과
노동운동이 확산하던 시기에 평화시장 앞에서 근로기준법 준수를 외
치며 분신자살한 20대 청년 전태일의 저항은 당시 한국인에게 커다란
충격으로 다가왔습니다. 당시 전태일의 분신은 1963년 베트남의 민주
주의와 미국의 공격에 저항하는 의미로 분신한 베트남 승려 틱꽝득의
'소신공양❶'에 영향을 받은 것으로 한국의 유교 전통과는 무관합니다.
전태일의 분신 이후 한국의 민주주의 구현을 위해 싸운 학생과 노동

❶ 소신공양이란 부처에게 공양하고자 자신의 몸을 불사르는
행위를 말하는데, 『묘법연화경』에 약왕보살이 향유를 몸에
바르고 자신의 몸을 불사른 일에 대해 "이것이 제일의 보시"라고
칭송한 데서 연유되었다. 국외에서는 1963년 베트남전쟁
와중에 '반정부적'이라는 이유로 절이 강제 폐쇄되자,
틱꽝득(ThichQuangDuc) 스님을 필두로 36명의 스님이

분신을 해 세계적으로 큰 충격을 주기도 했고, 이 사건을 계기로
미국에서는 반전 운동이 확산되었다.

운동가들은 분신을 저항의 상징
과 정의구현을 표현하는 몸의 스
타일로 인식하기도 했습니다. 불교
전통에서는 이를 부처에게 바치는
'소신공양'으로 해석합니다. 이처
럼 한국사회에는 몸을 자연적 상
태로 유지해야 한다는 유교적 소
마틱 스타일과 저항과 항거의 상
징으로서 몸을 직접 불사르는 분
신자살과 소신공양의 불교적 소
마틱 스타일이 공존하고 있습니다.

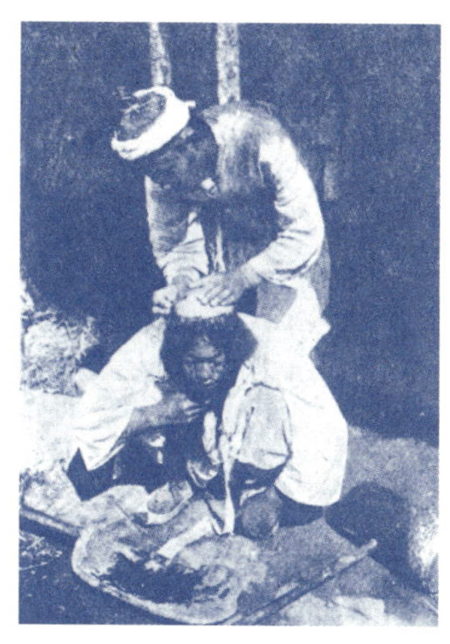

종교 문화적으로 대조되는 두 유형의 소마틱 스타일에 관한 슈스터만
박사님의 의견과 관점은 무엇인지 궁금합니다.

유교에서의 신체적 스타일과 불교에서의 신체적 스타일은 사실 매우
다릅니다. 그러나 유교와 불교가 완전히 하나의 성격으로 규정될 수 없
는 만큼, 둘 사이의 다른 점을 너무 단순화해서는 안 될 것입니다. 나는
유교사회에서 살아본 적이 없는 서양인이기 때문에 아마도 실제의 사
회적 감정에 둔감할지도 모릅니다. 그러나 고전 유교의 문서를 보면,
단순한 몸에서의 자연주의 이상의 복잡한 논의가 있었다는 것을 알 수
있을 것입니다. 자연 그대로의 몸의 상태는 그 자체만으로는 바른 것으
로서 충분하다고 할 수 없습니다. 몸은 반드시 수양되어야 합니다. 몸
은 웬(文, wen), 즉 문화와 수양이 필요합니다. 그리고 공자는 예술과
제례에서 수양의 미적 스타일을 장려했습니다. 이들 모두가 본질적으

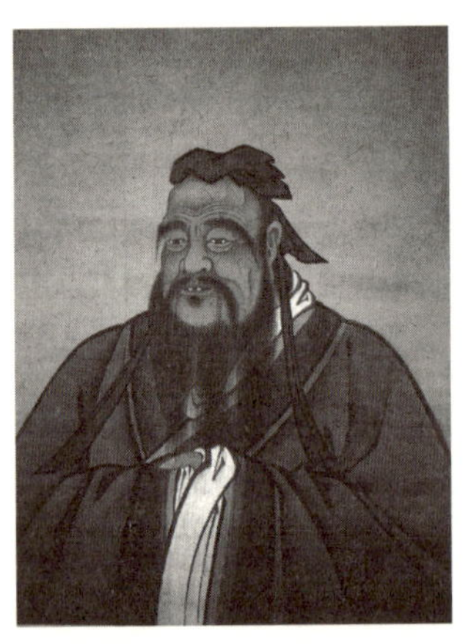

로 몸에 관련됩니다. 유교는 신체미학에서 중요하기 때문에 나는「소마틱 스타일」이라는 나의 논문에 공자에 대하여 언급하였습니다. 맹자와는 다르게 순자는 우리의 자연적 조건이 좋은 것이 아닌 것은 물론이거니와 악하다고까지 생각하였습니다. 그래서 특히 제례와 음악을 통하여 우리 스스로 도야하고 고양하도록 해야 한다고 생각하였습니다. 유교에서의 소마틱 스타일은 미적으로 정련되고 예술적입니다. 그것은 몸의 중요성을 고려하고 있으며, 단지 부모로부터 받은 것이기 때문인 것 이외에 부모를 지속적으로 공경하는 데 몸이 필요하기 때문입니다.

나의 불교 경험 역시 매우 제한적입니다. 하지만 적어도 나는 불교의 종류가 매우 다양하다는 것을 알고 있습니다. 나는 일본에서 선불교의 사원에 머문 적이 있습니다. 거기에서도 나는 예를 들면 소토 선불교와 린자이 선불교의 차이가 있다는 것을 압니다. 나는 일본에서 선 수행을 했을 때 소토 도장에 머물렀습니다. 나는 선에서 가장 소중한 종교적 행동이 자살이라고는 생각하지 않습니다. 만약 그것이 옳다면 훌륭한 선 스님들은 매일 자살을 하겠죠. 내가 생각하기에 불교에서 가장 훌륭한 행동은 깨달음에 이르는 것입니다. 깨달음이 가장 소중한 것이라는 사실은 다른 행동[자살을 통한 순교(martyrdom) 같은 것]들이 가치가 없다는 것을 의미하지는 않습니다. 나는 그저 그것이 불교에서 가장 높은 가치라고 생각하지는 않습니다. 부처는 분명히 자살하지 않았습니다. 그는 자신이 고행 때문에 거의 죽음에 이르게 되었을 때 중도(中道)를 추구하기까지 하였죠. 나는 유교적 전통을 따르는 이론의 소마틱 스타일은 미적으로 정련되고 예술적으로 다듬어져야 한다고 언급하였습니다. 만약에 예술성이 너무 심하게 강조된다면 그것은 인위적인 것으로 치우칠 위험이 있습니다. 그것이 바로 고대 중국에서 묵자가 공자를 비판한 이유입니다. 선불교는 내가 경험한 것에 의하면, 이처럼 심하게 다듬어지지는 않습니다. 그러나 선불교 자체의 미학이 있는데, 그것은 유교의 미학에 비교하자면 눈에 띄지 않고 인상적이지도 않습니다(그리고 물론 사람들 앞에서 분신하는 것처럼 눈에 띄는 것이 아닙니다). 선불교에서의 미학은 검소한 삶과 꾸밈없는 행동을 추구하며, 그러한 삶과 행동 그 자체에 유념함으로써, 그 삶과 행동의 평범함을 특별함으로 만드는 것을 미학으로 합니다. 우리는 호흡 같은 단순한 행동도 그것에 유념하는 것을 익힘으로써 특별한 것으로 즐길 수 있습니다.

두 종교의 소마틱 스타일의 차이는 자아에 대한 상이한 관점에 관련합니다. 공자가 말하는 진정한 자아(사회적 관계에 의해 정의되는)에서 수양은 우리의 의무입니다. 그러나 그것은 우리 스스로 혹은 다른 사람이나 생명체를 돌볼 필요가 없다는 것을 의미하지는 않습니다. 왜냐하면 모든 삶에는 신성함이 있기 때문입니다.

2   종교적 카리스마와 스타일

'카리스마(charisma)'라는 용어는 1세기 초 기독교 공동체에서 '신의

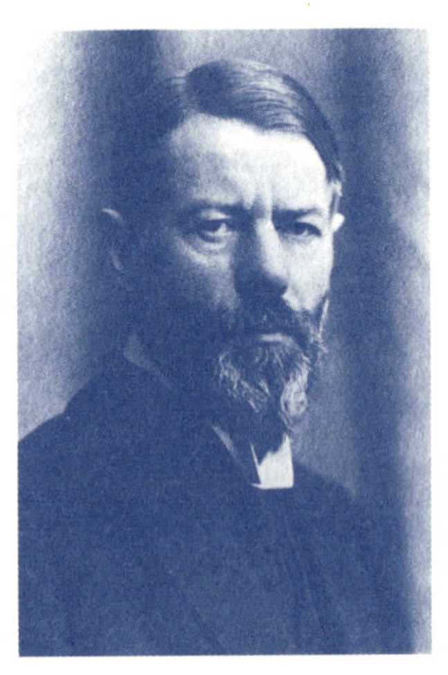

막스 베버

은총' 개념으로 사용하기 시작해서 3세기경 교회 내 종교적 개념으로 활용되었습니다. 그러다가 20세기 초에 막스 베버(Max Weber)가 사회학적 용어로 다시 정의하면서 서양 문화 전반에 걸쳐 사용되기 시작했습니다. 베버는 '카리스마'는 한 개인의 특징에 적용될 수 있는 성질로서 때로는 초자연적·초인간적 능력을 의미하기도 하며 특별히 예외적인 능력을 부여받은 뛰어난 사람이라고 정의합니다. 이 용어의 어원적 의미와 역사적 변천 과정은 차치하더라도 오늘날 종교계에서 카리스마의 의미는 종교적 권위와 맞물려 강력한 리더십을 뜻하며 특정 공동체의 부흥과도 직결되어 있습니다. 특히 한국의 종교계에서 종교적 스타일의 전형이라고 할 수 있는 카리스마적인 지도자들은 평신도들에게 정신적·신앙적으로 거의 절대적인 영향을 주고 있습니다. 예를 들면, 기독교의 부흥목사, 불교의 고승, 샤머니즘의 샤먼, 신흥종교의 교주들까지 종교적 카리스마를 지닌 인물들이 일반인을 대상으로 답습되는 종교 신앙적 유착관계는 보편적인 이성과 상식의 범주를 초월하는 사례가 빈번합니다. 종교적 스타일로서의 카리스마는 정신적 방황과 죄의식에 사로잡힌 특정 현대인들에게 종교적 위안과 안식을 주는 순기능 역할도 하지만 종교적 권위와 힘을 앞세워 금전과 섹슈얼리티와 연관되어 남용되는 사례도 많이 일어나고 있습니다. 특히 한국 종교계의 경우 대부분의 카리스마 지도자들이 남성으로 구성되어 있어 종교의 가부장적 질서와 여성 터부문화를 강화하는 역기능으로 작동되기도 합니다. 몸에서 몸으로 느껴지고 경험되는 종교적 카리스마 스타일의 이상적인 유형에 관한 박사님의 고견을 듣고 싶습니다.

카리스마는 카리스마 있는 사람의 소마틱 스타일을 통해서 표현되며, 카리스마 있는 사람에게 매료된 이가 자신의 몸을 통해서 상대방의 카리스마를 느낀다는 것은 매우 올바른 견해입니다. 그러나 나는 어떤 것이 카리스마 넘치는 이상적인 종교적 스타일인지를 추상적으로 논할 수 있다고는 생각하지 않습니다. 카리스마 있는 종교인의 스타일은 그 또는 그녀가 대표하는 종교의 이상을 구현화할 수 있어야 합니다. (내가 여기에 그녀라는 대명사를 더하고 있는 이유는 그리스도교에서 많은 여성이 종교에서의 카리스마 있는 스타일을 구현화하였기 때문입니다. 예를 들면, 많은 여성 성인들이 있습니다.) 카리스마는 카리스마를 가진 사람의 소마틱 스타일과 사회 그룹이나 그 사람이 위치한 사회 사이의 조절이나 어울림을 포함합니다. 당신은 종교의 사회적 차원을 강조하기 위하여 종교적 사상가이기도 한 막스 베버를 언급하였습니다. 종교는 항상 그룹의 신념을 포함합니다. 그리고 그것은 사회 그룹을 하나로 묶는 힘이기도 합니다. 어원적으로 종교(religion)는 '함께 묶다' 혹은 '연결하다'라는 의미를 지닙니다. 카리스마 있는 소마틱 스타일은 반드시 그 카리스마가 발현되는 사회 그룹의 가치에 적합한 스타일이어야 합니다. 각각의 종교적 그룹은 서로 다른 스타일을 더 매력적이고 카리스마 있는 것으로 여길 것입니다. 어떤 종교 단체에서는 매력적으로 강력하게 여기는 것이 다른 종교 단체에서는 공격적이고 추한 것 또는 미친 것처럼 여겨질 수도 있습니다. 일반적으로 나는 종교에서 카리스마 있는 소마틱 스타일은 그 영향을 느끼는 사람에게 매력적인 스타일이어야 한다고 생각합니다. 카리스마가 있는 남자나 여자는 그 것이 표준적인 아름다움이나 훌륭한 외모가 아니라고 할지라도 그만 의 아름다움이나 매력을 지녀야 할 것입니다. 만약 그 매력이 예외적인 것(예를 들어, 추남인데도 매력적인 경우)이라 하더라도 우리는 규칙을 찾으려 할 것입니다. 다행히도 다양한 아름다움이 있기 때문에 종교적 인 카리스마는 영화배우의 멋진 외모로 제한되지 않습니다. 영화배우 가 지니는 훌륭한 외모는 종교적인 군중에게 잘못된 가치를 제안할 것 입니다.

3 종교적 고행, 금욕, 스타일

종교 전통에서 금욕주의는 간과할 수 없는 또 하나의 소마틱 스타일 입니다. 금욕주의는 정도와 수위에 차등은 있으나 세계 종교 전통에서 보편적으로 찾아볼 수 있는 독특한 스타일이었습니다. '금욕'의 어원은 그리스어 '단련하다'에서 기원한 것으로, 영적인 이상이나 목표를 달성 하기 위해 육체적 또는 심리적 욕망을 억제하는 것을 의미합니다. 이러 한 금욕주의는 고대 그리스 사회에서 운동선수나 전사의 정신적 훈련 을 위한 육체적 단련을 위해 활용되기도 했습니다. 하지만 종교적 금 욕주의는 세속적 금욕주의보다 훨씬 더 신학적 이원론에 기초하여 기 능하였습니다. 몸을 정신과 물질로 분리하는 이분법적인 사유체계는 서구신학의 형성과정에 큰 영향을 주었습니다. 몸은 영성의 장애물로 인식되었고, 성애는 성스러움에 반대되는 죄악의 상징이 되기도 했습니다. 엄격한 종교적 금욕주의는 독신, 금식, 거세, 노동, 거친 의복, 속죄를 위한 채찍질 등등 몸의 고통을 종교적 경건함의 성취로 삼는 스타일이 존재하였습니다. 비단 기독교 전통뿐 아니라 이슬람의 라마단 금식과 불교의 면벽 명상, 엄격한 채식주의가 포함된 승려의 수행과 고행은 대표적인 금욕주의 소마틱 스타일입니다. 동양 전통에서도 심신수련을 위해 몸을 갈고 닦는 '몸닦달' 수련 전통이 다양하게 존재해왔습니다. 신을 추구하기 위함이든, 종교적 경건함을 성취하기 위한 것이든, 몸과 정신의 합일을 이루기 위함이든, 동서양을 막론하고 현재까지도 몸에 관한 금욕주의에서 파생된 종교인의 스타일은 여전히 존재하고 있습니다. 반면에 탄트라 전통이나 힌두교와 도교적 전통에서는 금욕주의가 아니라 오히려 몸을 통한 마음의 합일이 얼마든지 가능함을 강조하고 있습니다. 또한 섹슈얼리티를 통해 영성의 조화를 이룰 수 있음을 제시하며 몸의 억압과 종교적 금욕주의의 가치를 상대화합니다. 이들은 몸과 영의 성스러움을 동시에 추구하며 성적 오르가슴과 영적 오르가슴이 만날 수 있는 전일적인 소마틱 스타일을 추구합니다. 종교적 신념에 기초한 엄격하고 극단적인 금욕주의에서부터 영적 수행을 위한 부분적 고행, 그리고 금욕주의를 초월하는 몸 중심적인 수행에 기초한 스타일에 이르기까지 금욕주의와 세속화 과정에 있는 종교인의 절제된 소마틱 스타일에 관한 박사님의 다양한 의견을 듣고 싶습니다.

고행에는 다양한 형태가 있습니다. 선생님께서 언급한 것처럼 고행이란 말은 노력, 자기 통제 그리고 편안함의 희생을 포함한 훈련을 의미합니다. 금욕은 오직 한 종류의 고행일 뿐입니다. 당신이 언급한 탄트라적 수행은 제례적 실천이며, 단지 자유롭게 성을 즐기는 것이 아닙니다.

그 수행은 사실상 극단적인 자기 절제와 규율을 지키라고 요구하며, 단지 편안하게 쾌락을 즐기기 위해서 만들어진 것이 아닙니다.

부처는 극단적인 자해적 고행과 극단적인 탐닉의 중도를 선택하였습니다. 내가 이해한 것에 의하면 고행은 종교에서만 그 의미를 지니며, 고행 자체로는 의미가 없습니다. 스스로 고행을 겪는 경험을 통하여 자기 도야, 자기 이해, 다른 이의 고통에 대해 이해하는 데 의미가 있습니다. 그러므로 그것은 깨달음과 성숙의 수단이 됩니다. 그리스도교에서의 고행은 인간의 영혼 구원을 그 목표로 합니다. 그것에는 몸을 학대할수록 영혼이 더 강해진다는 생각이 자리 잡고 있습니다. 나의 견해는 몸과 영혼을 이원론적으로 보거나 몸을 적대적으로 보지 말자는 것입니다. 나는 마음과 영혼은 몸의 에너지에서 생기며, 몸 역시 마음과 영혼에 의존한다고 생각합니다. 인간은 몸을 단련함으로써 마음과 영혼도 단련할 수 있습니다.

4 성형수술과 유교 그리고 현대 한국인의 몸 문화 스타일

과거 전통사회에서 몸의 표현양식은 화장이나 의상 등과 같이 간접적인 방법으로 몸의 욕망이 표현되었으나 현대사회는 다양한 신체변형의 방식으로 그 표현방법이 과감해지고 있습니다. 특히 한국사회는 세계적으로 미용, 성형수술과 다양한 다이어트 방법이 소개되면서 신체변형의 메카로 떠오르고 있습니다. 사람들은 자신이 희구하는 특정 연예인이나 유명인의 외형적 모습으로 얼굴과 신체 일부를 변형시키고자

수술을 시도합니다. 이러한 성형수술은 대중적 스타일로 변화하여 비단 젊은 여성뿐 아니라 남성 및 노인 연령대까지 성형수술의 열풍이 번져가고 있습니다. 비평가들은 성형수술의 남용을 사회적 문제로 지적하기도 하지만 현대사회와 같이 개인의 욕구와 욕망이 사회적 윤리나 제약 없이 자유롭게 표현될 수 있는 시대에 성형수술의 대중적 관심이 반드시 부정적인 현상이라고만 규정지을 이유도 없을 것입니다. 성형수술을 통하여 자신의 미적 욕구를 표현할 수 있고 그로 인해 개인의 행복지수와 사회적 성취도가 높아진다면 성형수술의 긍정적 효과도 분명히 존재할 것입니다. 극히 일부 사례의 경우 성형 중독성이 신체변형의 범주를 넘어 신체파괴의 현상으로 나타날 수 있으나 이는 극단적인 사례라고 볼 수 있습니다. 최근 한국사회에서는 추석 기간처럼 장기휴일이 이어지는 기간 동안에는 성형외과에 특히 많은 손님이 몰리고 있다고 합니다. 이름 하여 '효도성형수술'이 새로운 삶의 스타일로 자리잡고 있는 것인데, 이는 성인이 된 자녀들이 젊어서 고생하느라 자신의 외모를 돌보지 못한 노부모를 위해 늦게나마 자신의 미를 찾으라는 뜻에서 시작된 현상입니다. 과거 효의 사상에 기초했던 '신체발부수지부모'의 전통적인 유교윤리는 여전히 같은 효의 사상에 뿌리를 두고 있지만 현대사회는 신체변형을 통한 효의 실천을 실행하고 있다는 점에서 아이러니합니다. 즉, 오늘날 현대 한국사회에는 유교의 효 개념이 미용문화와 융합되면서 효의 실천을 성형수술을 통해 새롭게 실천하고 있는 진풍경이 벌어지고 있는 것입니다. 이러한 다양한 종류의 성형수술을 통한 신체변형의 미를 추구하는 한국인의 몸 문화 스타일에 관한 박사님의 의견은 무엇인지 궁금합니다.

❷　육예는 『주례』에서 이르는 여섯 가지 기예를 말합니다.
육예는 예의범절, 음악, 궁술, 말타기(마차 몰기), 붓글씨,
수학입니다.

이미 말한 것처럼 나는 한국의 역사나 현재의 한국사회에 대해 잘 알지 못합니다. 한국에서는 그럴지도 모르지만 유교 문화권의 다른 나라들을 봤을 때 말이죠. 내 생각에는 유교 문화권에서 메이크업이나 의상 이상의 몸을 통한 표현이 있었습니다. 유교학자들은 품행이나 용모의 적절함, 제사를 지냄에서 알맞은 제스처나 표정을 중시하였습니다. 사람은 적절한 몸가짐이나 행실을 배워야 했습니다. 게다가 내 생각에는 우리가 육예(六藝)❷를 생각한다면 궁술과 마차 몰기도 유교에서 중요한 것이었습니다. 궁술과 마차 몰기는 어떤 부분적 근육을 발달시킴으로써 몸을 만드는 육체적 단련을 요구합니다. 그리고 훌륭한 궁사와 마사는 이러한 훈련들이 보이는 몸을 가질 것입니다. 근육뿐만 아니라 그들의 행실이나 움직임에서도 그러한 훈련이 되어 있음이 보일 것입니다. 만약 우리가 여성의 몸 표현으로 논의를 돌린다면, 중국에는 미적인 목적을 위해서 전족이라는 오래된 전통이 있었습니다. 전족은 성형수술과 짝을 이루는 것으로 생각할 수 있을 텐데요. 왜냐하면 전족은 자연적인 발의 성장에 변화를 가져오기 때문입니다. 내가 읽은 서적에 의하면 전족은 매우 널리 퍼져 있었으며, 그것의 아름다움에서 매우 높게 평가되었습니다. 비록 그것이 심각한 통증과 어느 정도의 장애를 가져왔음에도 말이죠. 전족에 대해 비평가들은 전족이 그것 자체의 미적 목적 이외에도 여성을 더욱 연약하고 의존적으로 만들었다고 지적하였습니다. 그러나 어떤 중국 여성 문화평론가는 여성이 전족을 자발적으로 하였으며, 전족의 미적 가치를 즐겼다고 하였습니다. 나는 한국에서 전족이 얼마만큼 행해졌는지는 잘 모릅니다. 그리고 현대 한국의 미적 감각에서 여성의 작은 발이 얼마만큼 인정받는지도 잘 모릅니다. 작은 발은 매우 귀여울 수 있으며, 파리의 신발 가게에서는 큰 사이즈의 신발은 진열하지 않습니다. 그것은 그들이 큰 사이즈의 브래지어나 여성 속옷을 진열하지 않는 것과 마찬가지입니다. 18세기에 영국 철학자 에드먼드 버크는 여성에게 작은 것이 아름답다고 하였습니다. 물론 우리는 다른 타입의 여성의 아름다움을 가지고 있습니다. 아마도 현대의 한국에서도 그럴 텐데요. 바로 크고 건강한 근육질 타입입니다. 나는 두 가지 여성의 아름다움이 진화론에서 설명될 수 있다고 생각합니다. 작은 여성은 성적 관계에서 쉽게 들고, 정복하고, 안을 수 있습니다. 특히 그 여성이 저항할 때, 그러한 상황이 생길 수 있습니다. 이것은 매우 잔인하게 들릴 수도 있는데, 여기서 우리는 매우 원시적인 유래에서 성적 취미에 대해 이야기하고 있다는 것을 생각해야 할 것입니다. 반면에 건강한 근육질 타입은 건강함을 나타내며, 그것은 그녀가 아이를 낳을 수 있다는 것과 남성에게 질병을 주지 않는다는 것을 나타냅니다. 매우 작은 여성은 아마도 아이를 낳기에 비교적 어려울 수 있겠지요.

더 일반적으로 유교문화를 넘어서, 나는 우리가 과거에 대해 단순한 관점을 가지고 있다고 생각합니다. 고전 그리스도교의 역사에서 많은 종교적 인물들은 신에게 더 매력적으로 보이기 위하여 자발적으로 거세하였습니다. 그렇게 함으로써 그들은 성욕이나 성적 호르몬으로부터 자유로워져서 순수해질 수 있다고 생각했던 것이지요. 그들은 자신의 몸을 변화시킴으로써 신의 성전으로 만들려고 하였습니다.

개인적으로 나는 성형수술이 잘못된 것이라고는 생각하지 않습니다. 나는 사람들이 평범한 생활을 하는 데 아무런 지장이 없는 사람들이 더 예쁘게 보이기 위한 압박을 느낌으로써 그것을 꼭 해야 한다고 느껴야 한다고는 생각하지 않습니다. 예를 들면 그들이 너무 비정상으로 보인다든지 괴물처럼 보인다면 필요하겠지요. 만약에 외모를 바꾸

고 싶다면 누구나 그럴 자유가 있다고 생각합니다. 치과에서 치아를 교
정하는 것과 성형외과에서 코를 고치는 것 사이의 다른 점은 원리적으
로 그다지 크지 않다고 생각합니다.

5 엑스터시와 스타일

한국의 대중문화를 상징하는 'Korean Pop(K-Pop)' 열풍이 한반도를
넘어 아시아지역과 유럽, 남미로 확산하고 있습니다. 한국의 아이돌 스
타들은 춤, 노래, 비주얼로 독특한 팝뮤직의 스타일을 선보이며 대중적
지지를 얻어 한류열풍을 이어가고 있습니다. 과거에는 가수, 안무, 연예
인의 역할이 구분되었지만 현재 한국의 대표 아이돌은 이 세 가지 역할
을 동시에 연출해내는 통합적이고 총체적인 아티스트의 스타일을 구
사하고 있습니다. 한국학 연구자들은 동아시아에서 한국 아이돌이 예
술문화 영역에서 크게 두각을 나타내는 종교 문화적 이유를 고대 전통
문화에 뿌리를 두고 있는 한국인의 샤먼적 영성(Shaman spirituality)
에서 찾기도 합니다. 예를 들면 한국학자 최준식 교수는 서양의 세계
관을 아폴론적인 세계관과 헤르메스적 세계관으로 구분하여 설명한
다면, 한국의 세계관은 샤먼적 영성을 담고 있는 내면적 '신기(神氣)'
와 유교적 전통의 외형적이고 문서전통이 강조된 '문기(文氣)'의 융합
이라고 지적합니다. 한국인의 스타일은 아침에는 유교적이고 밤에는
샤먼적 스타일로 자연스럽게 변화한다고 묘사합니다. 유난히 음주가무
를 즐기고 이를 하나의 문화적 스타일로 형성해온 한국인의 내면세계
속에는 타고난 샤먼적 신기가 작동한다는 것입니다. 고대 시대부터 내

려온 제천의식은 일종의 국가 단위의 굿이었습니다. 왕과 제사장은 하늘에 제사를 올리고 백성에게 큰 향연을 베풀어 여러 날 동안 먹고, 마시며, 춤과 노래로 무아경에 빠지도록 신명 나는 굿판을 열어왔습니다. 굿의 진행은 춤과 노래가 중심이 되어 억눌린 마음을 해소하고 공동체가 하나가 되는 해탈의 경지를 추구하기도 했습니다. 이러한 전통으로 면면히 내려온 한국인의 무의식 세계에는 엄청난 신기가 응집되어 상황에 따라 즉흥적으로 발현되기도 한다는 것입니다. 이러한 관점에서 외국인 한국학자들은 한국 아이돌의 공연을 '신식굿' 혹은 '네오 샤먼 축제(neo-shaman festival)'라고 표현하기도 했습니다. 한류의 음악 예술 공연에는 과거 무당들의 역할이 그대로 재현되기 때문입니다. 춤, 노래, 연기로 좌중을 압도할 뿐 아니라 삶의 스트레스를 해소해주는 정신적 카타르시스 역할도 겸하여 수많은 팬의 교주와도 같은 지위를 확보하고 있기 때문입니다. 이러한 샤먼적 전통은 한국의 국가 이미지를 과거 '조용한 아침의 나라'에서 '다이내믹 코리아'로 변화시키기도 했습니다. 물론 모든 변화가 샤먼적 기질에 기초한다고 단정 지을 수는 없지만, 한국인의 스타일에는 분명히 정신적 엑스터시를 즐기며 종교 예술적 신기를 마음껏 펼치고자 하는 샤먼적 스타일을 다양한 형식으로 재현하고 있다고 볼 수 있는데, 외국인 학자의 관점에서 어떻게 생각하고 느껴지는지 알고 싶습니다.

나는 불행히도 아직 한국의 샤머니즘적 밤 문화를 경험하지 못하였습니다. 내가 경험한 한국의 문화는 학문적인 교류에서인데, 그들은 매우 성실하고 열심히 공부하였습니다. 그리고 저녁에 함께 식사할 때에는 춤추기나 샤먼적 황홀경은 없었지만 보다 편안한 분위기였습니다. 아마도 나는 여태껏 운이 나빴거나 한국의 샤머니즘은 그것의 마술적 힘을 나 같은 외국인에게는 보여주지 않았을지도 모르겠습니다. 나는 내가 본 한국의 에너지를 좋아합니다. 그리고 내가 아는 한국인들은 매우 열심히 공부하는 만큼 파티에서는 매우 잘 놀고 즐겼습니다. 나는 이것을 이스라엘군에서 군 장교로 있을 때의 나의 삶에서 배웠습니다. 군에서의 일은 매우 격렬하며 때로는 매우 위험합니다. 그 때문에 휴일에는 춤추고 마시고 노래하는 것을 통하여 긴장을 풀곤 합니다.

마지막으로 서양과 동양의 대조에서 당신이 언급하고 싶었던 것은 아마도 아폴로와 헤르메스(메신저와 해석의 신)가 아니라 아폴로와 디오니소스(술과 황홀경의 신)일 것입니다. 니체는 예술과 비극의 탄생에 대해 언급하는 것에서 아폴로니안과 디오니시안의 대조적 경향에 대해 기술하였습니다.

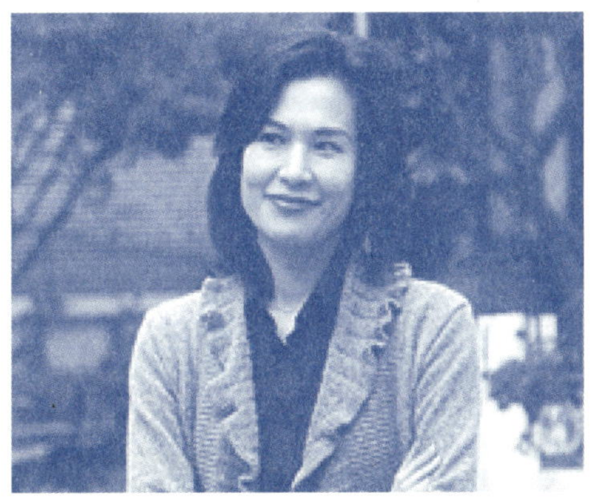

신은희

경희대 후마니타스칼리지 교수
캐나다 토론토대학에서 신학과 종교학을 전공하였고
철학박사학위를 받았다. 미국 오하이오 노던대학교와
심슨대학교 종교철학부 교수를 역임하였다. 현재 경희대학교
후마니타스칼리지 종교학교수로 재직하고 있으며 한국문학과
종교학술이사를 맡고 있다. 연구분야는 샤머니즘, 수피즘,
신비주의이며, 자연 속에서 영성체험과 바다 명상을 즐긴다.